Roland Kaltenegger

Oberleutnant Maximilian Burghartswieser

Roland Kaltenegger

Oberleutnant Maximilian Burghartswieser

Vom Heeresbergführer zum Ritterkreuzträger von Kreta

FLECHSIG

Umwelthinweis:
Dieses Buch und der Umschlag wurden auf chlorfrei gebleichtem Papier gedruckt.
Die Einschrumpffolie – zum Schutz vor Verschmutzung – ist aus umweltverträglichem und recyclingfähigem PE-Material.

Für das vorliegende Werk wurde Bildmaterial aus unzähligen Nachlässen zusammengetragen. Dabei war es oft schwierig festzustellen, wer der Inhaber des Urheberrechts ist. Sollte bei der einen oder anderen Reproduktion unwissentlich das Coypright verletzt worden sein, so bitten Autor und Verlag, dieses Versäumnis zu entschuldigen.
Eine Haftung des Autors oder des Verlages und seiner Beauftragten für Personen-, Sach- und Vermögensschäden ist ausgeschlossen.

Flechsig Verlag
Internet: www.flechsigmedien.de
Internet: www.vdmedien24.de
Gesamtherstellung: VDM Heinz Nickel, Zweibrücken
ISBN 978-3-8035-0116-5

Inhalt

Prolog

Kreta, den 25. Mai 1941. Am sechsten Tag des Kampfes um die Mittelmeerinsel war der Angriffsbeginn gegen den stark befestigten Ort Galatas auf 17.00 Uhr festgesetzt. Nach einem letzten vorbereitenden Bombenhagel der deutschen Stukas und Zerstörer traten die Kompanien des I. und II. Bataillons des Gebirgsjägerregiments 100 an. Mit der von Westen gegen Galatas vorstürmenden 7. Kompanie sprang der Feldwebel Maximilian Burghartswieser in die erste britische Stellung, die zu erstürmen in den letzten Tagen immer wieder misslungen war.

Aber jetzt, nachdem die südlich von Galatas gelegene Kastellhöhe vom rechten Nachbarn genommen worden war, gelang den Gebirgsjägern der Einbruch. Dann ging es zügig weiter. Unter dem zusammengefassten Maschinengewehrfeuer drangen die „Blumenteufel" des Generals Julius Ringel in die feindliche Hauptstellung ein. Burghartswieser, dessen Zug bei Angriffsbeginn nach den vorangegangenen Kämpfen neunzehn Mann zählte, entriss einem verwundeten Maschinengewehrschützen die Waffe und stürmte, im Laufen wild um sich feuernd, seinen Kameraden voran. Der Gegner wankte und wich zurück. Der Weg nach Galatas war damit frei.

Für diese entscheidende Waffentat um die Mittelmeerinsel Kreta wurde Maximilian Burghartswieser am 9. Juli 1941 als Oberfeldwebel und Zug- und Stoßtruppführer in der 7. Kompanie des Gebirgsjägerregiments 100 der 5. Gebirgsdivision des populären Generals Julius Ringel mit dem begehrten Ritterkreuz des Eisernen Kreuzes ausgezeichnet. In der Verleihungsbegründung hieß es unter anderem:

„Über die Erfolge beim Durchbruch der griechischen Nordbefestigungen kam Burghartswieser zu seinem bisher größten Erfolg. Beim Angriff auf Galatas am 25. Mai 1941 nach der Luftlandung auf der Insel Kreta, hat Burghartswieser in der richtigen Erkenntnis der Lage, als Führer eines von ihm zusammengestellten Stoßtrupps einen Keil in den stark befestigten Ort getrieben, dessen Wegnahme dadurch bedingt war. Burghartswieser hat somit durch seinen persönlichen Einsatz und seine beispielhafte Tapferkeit den entscheidenden Anteil an der Eroberung der Schlüsselstellung von Chania."

Vom Chiemgau in das Berchtesgadener Land

Das alles andere als milde Klima des Chiemgaus und Berchtesgadener Landes, das den Bewohnern viel Kraft, Ausdauer und Zähigkeit abverlangt, wird von seiner Lage am Nordrand der mächtigen Alpen bestimmt. Das bekannteste Klimaphänomen des gesamten nördlichen Alpenrandes ist der Föhn, ein nervenerregender Unruhestifter, bei dem die Berge dunkelblau und zusammengerückt erscheinen. In diesen alpinen Landschafts- und Lebensraum wurde der Ritterkreuzträger Maximilian Burghartswieser am 10. Juni 1914 im Ortsteil Wiesen der oberbayerischen Gemeinde Ruhpolding hineingeboren.

Der Lebensraum, in den der Mensch hineingestellt, geboren wurde, prägt ihn seit alters her. Wechselbeziehungen zwischen den Bewohnern und ihrem Land hat es schon immer gegeben und wird es auch trotz der Nivellierung durch den modernen Massentourismus und trotz aller Großstadt-, Industrialisierungs- und Modernisierungseinflüsse weiter geben. Der Mensch ist aber auch ein „Produkt" der geschichtlichen Strömungen, der vielfach entscheidend von ihren oft unergründlichen Abläufen geprägt wurde und wird.

Das trifft insbesondere auf die traditionsbewussten Oberbayern vom Menschenschlag eines Maximilian Burghartswieser zu. Will man sie näher kennenlernen, sie besser verstehen, so muss man sich mit ihrer geschichtlichen Entwicklung auseinandersetzen. Versucht man, den Charakter der Oberbayern zu analysieren, so soll man sich stets eines vor Augen halten, dass sie nämlich – auch wenn sie sich fortschrittlich geben – in ihrer Denk- und Lebensweise in erster Linie konservativ geprägt sind. Dabei ist das Wort „konservativ" im Sinne des klassischen Latein zu interpretieren, das „conservo" mit bewahren und erhalten übersetzt und damit die alten Tugenden meint. Der Konservatismus der Oberbayern ist eine bäuerlich beständige Eigenschaft.

Ruhpolding, in 660 Metern über dem Meeresspiegel in einer abwechslungsreichen Landschaft mit blumenbunten Wiesen und dichtbewaldeten Bergen, die oft an eine Bergfilmkulisse erinnern, eingebettet, ist eine Sommerfrische und ein Wintersportplatz in den Bayerischen Alpen rund fünfzehn Kilometer südöstlich vom Chiemsee an der Bahnlinie Traunstein – Reit im Winkl sowie an der „Deutschen Alpenstraße", die sich vom Allgäu bis nach Berchtesgaden erstreckt, gelegen.

Das Ruhpoldinger Tal umfasst eine Gebietsfläche von rund 150 Quadratkilometern. Damit zählt die Gemeinde zu einer der flächenmäßig größten im Freistaat Bayern. Was dieses oberbayerische Gebirgsdorf besonders auszeichnet, ist die Ursprünglichkeit, welche sich seine Bewohner in Vergangenheit und Gegenwart bewahrt haben. Zu den beliebtesten Ausflugszielen gehören der 1.672 Meter hohe Rauschberg mit seiner prächtigen Aussicht auf die herrliche Bergwelt der Chiemgauer Alpen, sowie der schattige Waldweg mit seinen Pilgerstationen zur barocken Wallfahrtskirche

Maria Eck mit ihrem Blick zum „Bayerischen Meer“ mit dem Schloss Heerenchiemsee und dem Kloster Frauenchiemsee.

Am 1. November 1934 trat Burghartswieser in Bad Reichenhall in die 11. Kompanie des sogenannten A-Bataillons des Münchner Infanterieregiments ein. Damit hatte es ihn als heimatverbundenen Bewohner des Alpenlandes vom Chiemgau in das benachbarte Berchtesgadener Land verschlagen, das voller Sagen und Mythen ist. Sie sind ein Kulturgut fantasiebegabter Völker, die mit der Natur leben. Je mehr sie von ihr abhängig sind und je härter der Überlebenskampf ist, desto reicher, belebter und wunderbarer formte sich die Sage. Der Urbewohner des Gebirges sah sich vom Zauber, dem Spuk und den Naturgewalten stets umgeben. „Im Fallen und Steigen der Nebel, im Toben des Sturms, im Grauen der Gewitter, Lawinen und Muren, aber auch in der Verklärung der Höhe, im Glanz der Gletscher glaubte er übernatürliche Mächte zu erblicken, die seine Einfallskraft personifizierte und symbolisierte.“[1]

Es gibt so gut wie keine andere Region in den Alpen, die „reicher an Sagen wäre, als die Gegend um den Untersberg und es gibt keinen Berg unter Tausenden von Gipfeln, der mehr im Brennpunkt der Sage gestanden hätte als der Untersberg. [...] Sagen vom Kaiser Karl dem Großen, der im Untersberg schläft, von den listigen, belohnenden, strafenden, neckenden Untersbergmandln, vom grausamen König Watzmann, vom Seekönig, den Teufeln und verzauberten Menschen sind hier geboren und zum Teil noch erhalten im Zauber ihrer Ursprünglichkeit.“[2]

Die zeitgenössische Postkarte zeigt Ruhpolding, wo Maximilan Burghartswieser aufgewachsen ist.

Das Reichenhaller Gebirgsjägerregiment 100

Am 30. Januar 1933 hatte Adolf Hitler mit den Nationalsozialisten und ihren „Verbündeten", den Deutschnationalen und dem Stahlhelm, die Macht übernommen. Hinsichtlich der deutschen Wiederaufrüstung wurden die Fesseln der Beschränkungen aus dem Versailler Friedensvertrag von 1919 endgültig abgestreift, zumal schon unter dem Reichskanzler Kurt von Schleicher Umbaumaßnahmen für das Reichsheer angekündigt worden waren. Ungeachtet der immer noch von den Siegermächten des Ersten

Diese Grafik zeigt die vier Wappen der jeweiligen Standorte des Gebirgsjägerregiments 100.

Weltkrieges vertraglich aufgezwungenen Höchstgrenze von 100.000 Mann umfasste das Reichsheer am 1. April 1934 bereits 180.000 Mann, um dann am 1. Oktober desselben Jahres noch auf 250.000 Mann anzuwachsen.

Nach der Regierungsübernahme Hitlers und dem Aufbau der Armee wurde der Name „Reichswehr" fallengelassen und dafür die Bezeichnung „Wehrmacht" eingeführt. Den Oberbefehl übte im Auftrag Hitlers – seit Hindenburgs Tod am 2. August 1934 als Führer und Reichskanzler nicht nur Staatsoberhaupt des Deutschen Reiches, sondern auch Oberster Befehlshaber der Reichswehr/Wehrmacht – der im

Jahre 1936 zum Generalfeldmarschall beförderte Reichswehrminister (1933) beziehungsweise Reichskriegsminister (1935) Werner von Blomberg aus.

Nun wurde die deutsche Aufrüstung unentwegt forciert und die Wehrmacht aufgestockt. Davon profitierte zweifellos auch die deutsche Gebirgstruppe, die im Hunderttausend-Mann-Heer der Reichswehr nur einen bescheidenen Umfang hatte. Ihren Stammtruppenteil bildete dabei das III. Gebirgsjägerbataillon des 19. bayerischen Infanterieregiments mit den Standorten Kempten im Allgäu und Lindau am Bodensee. Nachdem im Frühjahr 1935 vom Reichskriegsminister der Auf- und Ausbau der wenigen Gebirgstruppenteile zu einem Großverband beschlossen und verfügt worden war, kam es am 1. Juni 1935 zur Aufstellung der Gebirgsbrigade mit dem Sitz in München im Wehrkreis VII unter Oberst Ludwig Kübler, aus der sich im Frühjahr 1938 die 1. Gebirgsdivision mit den Gebirgsjägerregimentern 98, 99 und 100 sowie dem Gebirgsartillerieregiment 79 und weiteren Gebirgsabteilungen und Bataillonen bildete.[3]

Am 15. Oktober 1935 war der Gründungstag des Bad Reichenhaller Gebirgsjägerregiments 100, das Oberst im Generalstab Rudolf Konrad als erster Kommandeur übernahm. Aus diesem Anlass übersandte sein Vorgesetzter Kübler folgendes Grußwort: „Das Regiment 100 wird sein – dessen bin ich gewiss – ein Kernstück des deutschen Heeres, ein Vorbild im Frieden, unüberwindlich im Feld!"

Konrad betonte in seinem Tagesbefehl: „Das Regiment ist mit dem heutigen Tage erstanden. Es wird die berechtigten Erwartungen erfüllen mit ganzer Kraft."

Die Führer, Unterführer und Mannschaften für die Aufstellung des Gebirgsjägerregiments 100 kamen vor allem vom Kemptener III. Gebirgsjägerbataillon und von der Bayerischen Landespolizei in München. Sie wurden ergänzt mit Freiwilligen und Rekruten aus Bayern, Württemberg und Rheinland/Westfalen. Zu den Friedensstandorten wurden nach dem Bau der neuen Kasernenanlagen:

Bad Reichenhall, die alte Salinenstadt und der renommierte Kurort an der Saalach, für den Regimentsstab, die Regimentstruppen und das III. Gebirgsjägerbataillon; Brannenburg-Degerndorf am Inn für das I. Gebirgsjägerbataillon, das zuvor in Bad Reichenhall und Traunstein stationiert war; Berchtesgaden, das von der gewaltigen Bergkulisse des Watzmannmassivs eindrucksvoll beherrscht wird, für das II. Gebirgsjägerbataillon in der Strub nach der Abgabe der Erstaufstellung nach Lenggries als II. Bataillon des Gebirgsjägerregiments 98; sowie Laufen an der Salzach, die alte Schifferstadt an der Grenze gegen Österreich, für das Ersatzbataillon.

Eine Begeisterung für die Berge und der Stolz auf das Edelweißabzeichen an der Berguniform erfüllte alle Dienstgrade und schufen so von Anbeginn einen Geist der Zusammengehörigkeit.

Die Gebirgsausbildung stellte hohe Anforderungen. Sie wurde jedoch im Bewusstsein, einer Elitetruppe anzugehören, freudig erfüllt. Nur so konnten denkwürdige alpine Höchstleistungen vollbracht werden – wie zum Beispiel die Erstbesteigung der berühmtberüchtigten Eiger-Nordwand durch die Gebirgsjäger Toni Kurz (geboren 1913 in Berchtesgaden) und Andreas Hinterstoißer (geboren 1914 in Bad Reichenhall), die dabei ums Leben kamen, so wie im März 1939 die Weltmeisterschaften im militärischen Patrouillenlauf in Zakopane durch die Mannschaft des Gebirgsjägerregiments 100.

Sowohl Kurz als auch Hinterstoißer waren bei den Bad Reichenhaller Gebirgsjägern stationiert, als sie mehr oder weniger eigenmächtig ohne die Zustimmung ihrer militärischen Vorgesetzten die Kaserne verließen und am 18. Juli 1936 mit den Österreichern Willi Angerer und Edi Rainer in die berühmt-berüchtigte Nordwand des Eiger einstiegen. „Nachdem sie ziemlich schnell die halbe Wandhöhe erreicht hatten, zwang am 20. Juli ein Wettersturz zur Umkehr. Der Rückzug gelang reibungslos bis zum heute als Hinterstoißer-Quergang bekannten Seilquergang, über den sie als erste einen idealen Zustieg zum ersten Eisfeld gefunden hatten. Das Quergangseil hatten sie abgezogen. Zurückklettern war nicht möglich. Das Abseilen in unbekanntes Gelände geriet zur Katastrophe. Keiner erreichte lebend den Wandfuß."[4]

Andreas Hinterstoißer war trotz seiner Jugend ein weit über die Salinenstadt hinaus sowie in der alpinen Fachliteratur bekannter Felskletterer, Eisgänger und alpiner Skiläufer. Seine bedeutendsten Erstbesteigungen, die er zusammen mit seinem Bergkameraden Toni Kurz als Protagonisten einer neuen Seil-und Hakentechnik in den Dolomiten und den Berchtesgadener Alpen unternahm, waren:

1934 Berchtesgadener Hochthron-Südostwand
1936 Berchtesgadener Hochthron gerade Pfeiler-Südwand
1932 Rotleitenschneid im Steinernen Meer, Nordostwand
1935 Wartsteinkante an der Reiteralpe
1936 Großes Mühlsturzhorn, direkte Südkante, die heute noch zu den schönsten extremen Klassikern des Berchtesgadener Landes zählen.

Der Alpinist und Obergefreite Andreas Hinterstoißer erhielt von der Stadt Bad Reichenhall im Friedhof St. Zeno ein Ehrengrab, dessen Betreuung und Pflege die Jungmannschaft der Alpenvereinssektion Bad Reichenhall übernommen hat. Der Bad Reichenhaller Skiclub veranstaltet regelmäßig zu seinem Gedenken einen sogenannten „Anderl-Hinterstoißer-Gedächtnislauf" auf die Reiteralpe.

Oberst Rudolf Konrad lebte seinen Männern die Härten und Entbehrungen des Gebirgsdienstes sowohl im Sommer als auch im Winter vor und formte damit das Gebirgsjägerregiment 100 nach seinen Erfahrungen und seinem Können zu einem schlagkräftigen Verband innerhalb der Gebirgsbrigade beziehungsweise der späteren 1. Gebirgsdivision, die zurecht als Stammdivision der deutschen Gebirgstruppe bezeichnet wird.[5] Bis zu seinem ersten Kriegseinsatz im Polenfeldzug sahen die militärischen Stationen des späteren Ritterkreuzträgers Maximilian Burghartswieser folgendermaßen aus:

01.11.1934	Eintritt in die 11. Kompanie/II. A-Bataillon/Infanterieregiment München (Bad Reichenhall)
16.10.1935	Eintritt in die 10. Kompanie/Gebirgs-Jäger-Regiment 100; Bad Reichenhall
27.04.1936 – 30.04.1936	Heeresbergführerkurs im winterlichen Hochgebirge
05.08.1936 – 18.08.1936	Heeresbergführerkurs im Fels
24.08.1936 – 05.09.1936	Krankenträgerausbildung
21.04.1937 – 30.04.1937	Heeresbergführerlehrgang bei der Gebirgsbrigade
10.12.1937	Ernennung zum Heeresbergführer
10.11.1938	Eintritt in die 7. Kompanie/Gebirgsjägerregiment 100 (Erkennungsmarke: 28 7. Kompanie/Gebirgsjägerregiment 100) Zugführer 7. Kompanie/Gebirgsjägerregiment 100, 25.05. verwundet

Das Ärmelabzeichen der Gebirgstruppe.

Gebirgsausbildung im Berchtesgadener Land

Seit eh und je werden die Berge als Herausforderung für den Menschen empfunden. Er antwortet darauf, indem er sie besteigt – und zwar sowohl aus Freude am Erlebnis der Bergwelt, um neue Eindrücke zu sammeln, die ihn dann Zeit seines Lebens prägen und unvergesslich in seiner Erinnerung haften bleiben, als auch aus Gründen der Selbstüberwindung und Bestätigung, um seine Persönlichkeit zu entfalten. Beim Alpinismus gibt es keine Befehle oder Vorschriften. Daher redet einem niemand drein. Die Entschlüsse muss man eigenverantwortlich selbst fassen und dann bis zur letzten Konsequenz zielorientiert durchziehen.

In der Gebirgstruppe der Wehrmacht waren alle Waffengattungen des Heeres vertreten. Somit konnte die 1. Gebirgsdivision die gleichen Aufgaben wie die Infanterie- oder die Jägerdivisionen erfüllen. In ihr gab es also die drei tragenden Waffengattungen Gebirgsjäger, Gebirgsartillerie und Gebirgspioniere. Hinzu kamen unter anderem noch die Nachrichtentruppe, die Panzerjägertruppe, die Aufklärungstruppe und der Nachschub. Die Gebirgssoldaten all dieser Waffengattungen mussten selbstverständlich den hohen körperlichen Anforderungen des Gebirgsdienstes gewachsen, mit den Besonderheiten des Gebirges vertraut, aber auch besser ausgerüstet sein, um ihre zuweilen besonders schwierigen Aufgaben optimal erfüllen zu können.

Wie aber sah nun für Burghartswieser und seine Kameraden vom Edelweiß die Ausbildung aus, die an die künftigen Gebirgssoldaten hohe Anforderungen stellte? Der Einzelausbildung folgten die Gruppen- und Zugausbildung im Gefechtsdienst sowie die Übungen im Bataillons- und Regimentsrahmen. Im Mittelpunkt der Gebirgsausbildung stand dabei die gründliche Einzel- und Gruppenausbildung, die durch Leistungsmärsche, die unabhängig von der Witterung durchzuführen waren, ergänzt wurde. Denn Gebirgsjäger kämpfen überwiegend zu Fuß und müssen daher mit dem Gelände besonders vertraut sein. Ihnen wurden somit bereits während der Ausbildung hohe physische und psychische Leistungen abverlangt, um sie für die differenzierten Aufgaben des Einsatzes im Gebirge gründlich vorzubereiten.

Die Ausbildung einer Gebirgstruppe braucht mehr Zeit als die einer Flachlandtruppe. Allein aufgrund der gesundheitlichen Erfahrungen und Grundsätze wird für die sich steigernde körperliche und seelische Beanspruchung des jungen Jägers im Gebirgsdienst eine bestimmte Zeit benötigt. Eine gefestigte Grundausbildung in der Ebene ist Voraussetzung für den schweren Gebirgsdienst. Die Ausbildung in der Gebirgstruppe kann jedoch erleichtert werden, indem man zu dieser Truppe ausschließlich Männer einzieht, die in den Bergen aufgewachsen sind und somit mit den Besonderheiten des Gebirges vertraut sind.

Im Laufe der Zeit hat sich in jeder Gebirgseinheit von der Kompanie bis zum Bataillon eine besondere kleine bergsteigerische Elite herauskristallisiert, die für die schwierigen Aufgaben im Hochgebirge besonders geeignet ist. Das deutsche Heer konnte seinerzeit bei der Schaffung dieser Elite im Hunderttausend-Mann-Heer in der sogenannten „Heeresbergführerausbildung" nach Leistung und Zahl ziemlich weit gehen. Hier ließen sich später erleichternde Wege zur Schaffung einer alpinen Führerschaft durch die Aufstellung von Hochgebirgsjägerbataillonen finden. Diese Einheiten erfuhren dann eine einheitliche Ausbildung, die auf ein hohes bergsteigerisches Niveau und große alpine Leistungen für bestimmte Zwecke der Truppe abgezielt war.

Für die aktiven Offiziere, Unteroffiziere und jüngere geeignete Reserveoffiziere der Gebirgstruppe wurden jährliche Sommer-und Winterkurse in der Hochgebirgsausbildung eingeflochten. Die Masse der Gebirgstruppe wurde nur bis zur Beherrschung „mittelschweren" Gebirgsgeländes in voller Bewaffnung, Schwindel-

Hochgebirgsausbildung mit voller Marschausrüstung und in Tarnbekleidung.

freiheit und Wetterfestigkeit erzogen. Für die Umstellung einer Flachlanddivision auf „Gebirgsgängigkeit" in Mittelgebirgen – einschließlich der Tragtierausbildung – und Überholung der Gefechtsausbildung genügten einige Wochen; wobei die Ausbildung am Tragtier je nach verfügbarer Mannschaft die größten Schwierigkeiten bereitete. Die Umstellung einer Flachlanddivision auf „Gebirgsgängigkeit" im Gebirge mit einer Ergänzung der Gefechtsausbildung benötigte demgegenüber sehr viel mehr Zeit.

Bei richtiger Anleitung und Führung werden dann auch diese gebirgsgängigen Divisionen in einem ihrer Leistungsfähigkeit entsprechenden Gelände ihre Aufgaben erfüllen können. Es wäre jedoch ein Irrtum zu glauben, dass man durch die Umstellung von Flachlanddivisionen beliebig viele Gebirgsdivisionen erhalten kann.

Im Gebirge kann nur derjenige bestehen, der eine gründliche Ausbildung durchlaufen hat. Unter diesem Gesichtspunkt wurde die Ausbildung einer Gebirgstruppe in der Deutschen Wehrmacht betrieben. Wertvolle Ausbildungshilfen erhielten die Gebirgsjäger dabei auf der Gebirgsjägerschule in Mittenwald, auf der Hochgebirgsschule im Tiroler Stubaital sowie auf der Heeresunteroffiziersschule für Gebirgsjäger in Wörgl.

Der Bergmarsch ist eine wichtige Vorübung der militärischen Ausbildung im Gebirge. Mit dem Rucksack und Gewehr auf dem Rücken, ist er alles andere als ein Ausflug in die Bergwelt. Auch in schwierigem Gelände muss immer die Ordnung in der Kolonne und Formation gewahrt bleiben. Vor allem sind selbständige Abkürzungen des Weges zu unterbinden. So stellt der Marsch im gebirgigen Gelände an die Truppe stets hohe physische und psychische Belastungen dar. Die im Hochgebirge herrschenden klimatischen Verhältnisse erschweren überdies die Marschbewegungen. Zuerst müssen die jungen Gebirgssoldaten mit den besonderen Verhältnissen der Berge vertraut gemacht werden. Dabei kommt der Marschausbildung im Gebirge eine große Bedeutung zu. „Die Marschausbildung soll die jungen Soldaten nicht abschrecken, sondern anregen. Jede Überforderung der Soldaten zu Beginn der Ausbildung ist unbedingt zu vermeiden. Die Anforderungen bei den Bergmärschen sind sinnvoll und stetig zu steigern. Der für jeden Bergmarsch notwendige Leistungswille und die zu fordernde Leistungsbereitschaft stellen sich ganz von selbst ein, wenn der Soldat nach dem ersten Bergmarsch nicht ‚sauer', sondern stolz auf die vollbrachte Leistung ist. Zu diesem Marsch wird nur das unbedingt notwendige Gepäck (Verpflegung, Kälte- und Nässeschutz) befohlen; die Handfeuerwaffen sind dabei. Allgemein kann gelten, dass bei diesem Eingewöhnungsmarsch ein Höhenunterschied bis zu tausend Metern überwunden wird bei einer Leistung von etwa 300 Meter Aufstieg in der Stunde. Der ganze Marsch sollte nicht länger als acht Stunden dauern."[6]

Später sind die Anstrengungen langsam zu steigern. Die Märsche sollen dann länger und schwieriger, die Ausrüstung und Bewaffnung einsatzmäßig und die zu überwindende Höhe größer werden.

Ritterkreuzträger
Maximilian Burghartswieser.

Historische Aufnahme des Luftkurorts Ruhpolding in den Bayerischen Alpen.

Der oberbayerische Gebirgsort Ruhpolding zeichnet sich bis auf den heutigen Tag durch seine Ursprünglichkeit aus.

Die Schlosskapelle in Ruhpolding 1656 als herrschaftliche Hauskapelle der Wittelbacher erweitert.

Das Minoritenkloster und die Wallfahrtskirche Maria Eck inmitten der Chiemgauer Alpen mit dem 1670 Meter hohen Hochfelln.

Die Wallfahrtskirche Maria Eck im Chiemgau.

Rekrutenvereidigung in der General-Ritter-von-Tutschek-Kaserne.
Im Hintergrund der Hochstaufen und der Zwiesel.

Die Umbenennung der Reichenhaller Kasernenanlage
in Mackensen-Kaserne.

Das Wandgemälde und der Adler am Eingang der Reichenhaller Kasernenanlage stammen aus der Zeit, als sie noch General-Ritter-von-Tutschek-Kaserne hieß.

Rekrutenvereidigung auf den, so der Wortlaut, „Führer des Deutschen Reiches und Volkes, Adolf Hitler, dem Obersten Befehlshaber der Wehrmacht“.

Oberst Willibald Utz als Kommandeur des Gebirgsjägerregiments 100.

Gebirgsjäger während der Winterausbildung.

Angehöriger des Gebirgsjägerregiments 100: Leutnant Gustav König.

Hauptmann der Reserve Georg von Kaufmann (Gebirgsjägerregiment 100).

Ausbildung zum Heeresbergführer in den Stubaier Alpen.

Die in 1.700 Meter Höhe gelegene Blaueishütte am Hochkalter.

Skikurs auf der Wimbachgries-Hütte in den Berchtesgadener Alpen.

Kletterausbildung in einem Eisbruch in den Stubaier Alpen.

Kletterausbildung in einem Eisbruch der Stubaier Alpen.

Gebirgsjäger während eines Skikurses in den Bergen.

Gefechtsmäßiges Gehen auf dem Gletscher.

In den Gletscherregionen der Hohen Tauern wurden die Spezialtruppen für den Einsatz im Hochgebirge ausgebildet. Hochgebirgsjäger auf dem Weg zum 3.798 Meter hohen Großglockner …

… und vor dem Gipfel des 3.660 Meter hohen Großvenedigers.

Burghartswiesers Ausbildung zum Heeresbergführer

Als passionierter Bergsteiger und Skiläufer war es für den schneidigen Maximilian Burghartswieser eine Selbstverständlichkeit, dass auch er die entsprechenden Lehrgänge besuchte, um in die elitäre Gilde der Heeresbergführer der Wehrmacht aufgenommen zu werden. Bei der Schaffung einer bergsteigerischen Elite im Hunderttausend-Mann-Heer der Reichswehr stützte man sich dabei insbesondere auf die „Heeresbergführerausbildung". Nachdem man dort sowohl in Bezug auf die Leistung als auch an die Anzahl ziemlich weit ging, erleichterte man damit später die Wege zur Schaffung einer alpinen Führerschaft mit der Aufstellung der Hochgebirgsjägerbataillone.[7]

„Der anerkannte Chronist der Gebirgsjäger des Zweiten Weltkrieges", so das „Internationale Militaria-Magazin" im August/September 2014 über den Autor dieser zeitgeschichtlichen Biografie, „hat sich ausführlich mit den Hochgebirgsjägern und Heeresbergführern befasst und ist somit eine der wenigen seriösen Quellen, Heeresbergführer betreffend und wird in diesem Heft mehrfach zitiert werden."[8]

Wer sich – wie Burghartswieser – dazu entschloss, Heeresbergführer zu werden, der musste gute bergsteigerische Kenntnisse besitzen und einen mehrmonatigen Lehrgang absolvieren. Das Bestehen machte ihn zum Heeresbergführer und er bekam das begehrte Heeresbergführerabzeichen verliehen. Die Leiter und Ausbilder der Heeresbergführerlehrgänge waren allesamt erfahrene Männer der Gebirgstruppe. Sie beobachteten das Durchsteigen sämtlicher Seilschaften durch die Eis- und Felswände, überprüften den richtigen Abstand, den festen Tritt und Stand, die korrekte Seilarbeit und das Sichern, den Absprung von der Gletscherspalte und den Aufsprung am gegenüberliegenden Spaltenrand sowie das richtige Einschlagen des Pickels im Eis. Ihrem geschulten Auge entging dabei nichts.

Der ausgebildete Heeresbergführer stand dann in den Einheiten den Kompaniechefs mit Rat und Tat zur Seite. Für den Gebirgseinsatz trug er die Verantwortung, die bereits bei der Auswahl des richtigen Weges, bei der Zeitberechnung und beim Sanitätsdienst begann. Er übernahm die Führung im schwierigen Gelände, leitete den Bau von Seilgeländern und übernahm Rettungsaktionen.

Zu Beginn eines jeden Lehrganges wurden das Klettern und Orientieren im Gebirge mit und ohne Hilfsmittel – wie Karte und Kompass – sowie die Ausdauer überprüft. Später gingen die Teilnehmer mit ihrer Zeltausrüstung in das Hochgebirge und praktizierten das schulmäßig erlernte in der Praxis. Unterrichte in Sanitätsfragen, Orientierung im Gebirge mit Höhenmesser, Gerätekunde mit Seil, Haken und Karabiner sowie am Rettungsgerät ergänzten die Ausbildung ebenso wie die Gesteinskunde und den Pflanzenschutz. Das Hauptaugenmerk der Ausbildung lag jedoch beim Klettern im Fels. Es begann mit dem Gehen im schroffen Gelände, wo das Gehen ohne den Gebrauch der Hände und die Trittsicherheit geschult wurden. Das Programm wurde dann erweitert mit mäßigem, schwierigem und sehr schwerem, in besonders und äußerst schwierigem Fels. Dort erlernte der Lehrgangsteilnehmer die Seil- und Hakentechnik. Eine Nachtausbildung stellte an das Seh- und Orientierungsvermögen des Gebirgsjägers höchste Anforderungen.

Hochgebirgstouren im Gletscher schlossen sich an, wo das Gehen und Orientieren im Eis geübt wurde. Die Kenntnis über Eisformationen und die Rettung im Eis wurde ebenfalls erlernt. In der Winterausbildung standen die Skiausbildung, Skitouren und Skilanglauf auf dem Dienstplan. Zum Ausbildungsstoff gehörten ferner die Lawinen- und Schneekunde, das Orientieren in extremsten Situationen und das Überleben im winterlichen Hochgebirge.

Das begehrte Heeresbergführerabzeichen.

Am 10. Dezember 1937 wurde der Oberjäger Maximilian Burghartswieser zum Heeresbergführer ernannt und mit dem begehrten Heeresbergführerabzeichen ausgezeichnet. Das Verzeichnis der „Heeresbergführer der ehemaligen Gebirgstruppe" nennt den 14. August 1939 als Burghartswiesers Ernennung zum Heeresbergführer. So oder so, damit hatte er einen gewaltigen Schritt zu seinem Herzenswunsch getan, nämlich zu einer Verwendung in der deutschen Gebirgstruppe, der sich in der Tat erfüllte.

„Aus dem Kampfe mit den Naturgewalten der Berge erwachsen dem Soldaten trotzige Härte, kühner Mut und treue Kameradschaft", lautete das Credo des Bauherrn der deutschen Gebirgstruppe Ludwig Kübler. „So ist die Schule am Berge eine Quelle deutschen Mannestums und die beste Vorbereitung auf den Krieg. Im Weltkriege haben deutsche Gebirgstruppen auf allen Kriegsschauplätzen Unvergleichliches geleistet und ewigen Ruhm an ihre Fahnen geheftet. Die Gebirgstruppe trägt daher mit Stolz das Abzeichen, das sie vor allen übrigen Truppen auszeichnet: das Edelweiß."[9]

Propaganda-aufnahme eines Heeresbergführers.

Die legendäre „Sturmfahrt auf Lemberg“

Der August 1939 war so ganz anders als jener von 1914. Nirgendswo gab es großartige Blumengebinde, die die Mädchen ihren Gebirgssoldaten in den alpenländischen Garnisonen überschwänglich zuwarfen. Kein Enthusiasmus und kein lauter, nicht enden wollender Jubel war in den Straßen der Standorte zu vernehmen. Keine Freudentränen beim Abschied vor den Kasernentoren. Stattdessen registrierten der Kommandeur und die Führer sowie Unterführer eine gewisse Beklommenheit, traurige Blicke und verhaltene Gesten, als die Soldaten die bereitstehenden Truppentransporte alles andere als leichten Herzens bestiegen. In dieser melancholischen Stimmung rollte Oberstleutnant Willibald Utz als neuer Kommandeur des Gebirgsjägerregiments 100 im Rahmen der 1. Gebirgsdivision mit der Eisenbahn in das nördliche Mähren.[10]

Da verkündete der Führer und Oberste Befehlshaber am 1. September 1939 dem deutschen Volk: „Seit 05.45 Uhr wird jetzt zurückgeschossen. Und von jetzt ab wird Bombe mit Bombe vergolten!“

Der Polenfeldzug war entbrannt. Der Zweite Weltkrieg war jedoch in Wirklichkeit bereits eine Stunde zuvor um 04.45 Uhr durch das schwere Feuer der Geschütze des deutschen Linienschiffes „Schleswig-Holstein“ auf die polnische Westernplatte entfesselt worden. Der Abtransport des Gebirgsjägerregiments 100 erfolgte vom 1. bis 3. September aus den Standorten Bad Reichenhall, Berchtesgaden und Brannenburg am Inn.

Ziel des deutschen Angriffs, der unter dem Oberbefehl des Generalobersten von Brauchitsch mit den beiden Heeresgruppen Süd des Generalobersten von Rundstedt und Nord des Generalobersten von Bock mit zusammen 52 Divisionen und einer Kavalleriebrigade sowie zwei Luftflotten und Seestreitkräften durchgeführt werden sollte, war es, das polnische Heer durch einen konzentrischen Stoß auf Warschau einzuschließen.

„Die bedeutsamere Rolle fiel der Heeresgruppe Rundstedt im Süden zu. Sie war an Infanterie fast doppelt und an Panzern mehr als doppelt so stark wie die Heeresgruppe Bock.“[11] Von der deutschen Gebirgstruppe nahmen die 1. Gebirgsdivision unter General Ludwig Kübler, die 2. Gebirgsdivision unter General Valentin Feurstein und die 3. Gebirgsdivision unter General Eduard Dietl im Rahmen des XVIII. Gebirgsarmeekorps auf dem rechten Flügel der 14. Armee der Heeresgruppe Süd teil.

Mit der entsprechenden Munitionsausstattung und den zugewiesenen Ersatzabteilungen zog die Masse der Stammdivision der deutschen Gebirgstruppe nach einer vierjährigen pausenlosen Aufstockung am 1. September in den Zweiten Weltkrieg. Der Oberste Befehlshaber der Wehrmacht hatte damit sein Wort, das Generaloberst Franz Halder wie folgt überliefert hat, wahrgemacht: „Die Wehrmacht ist

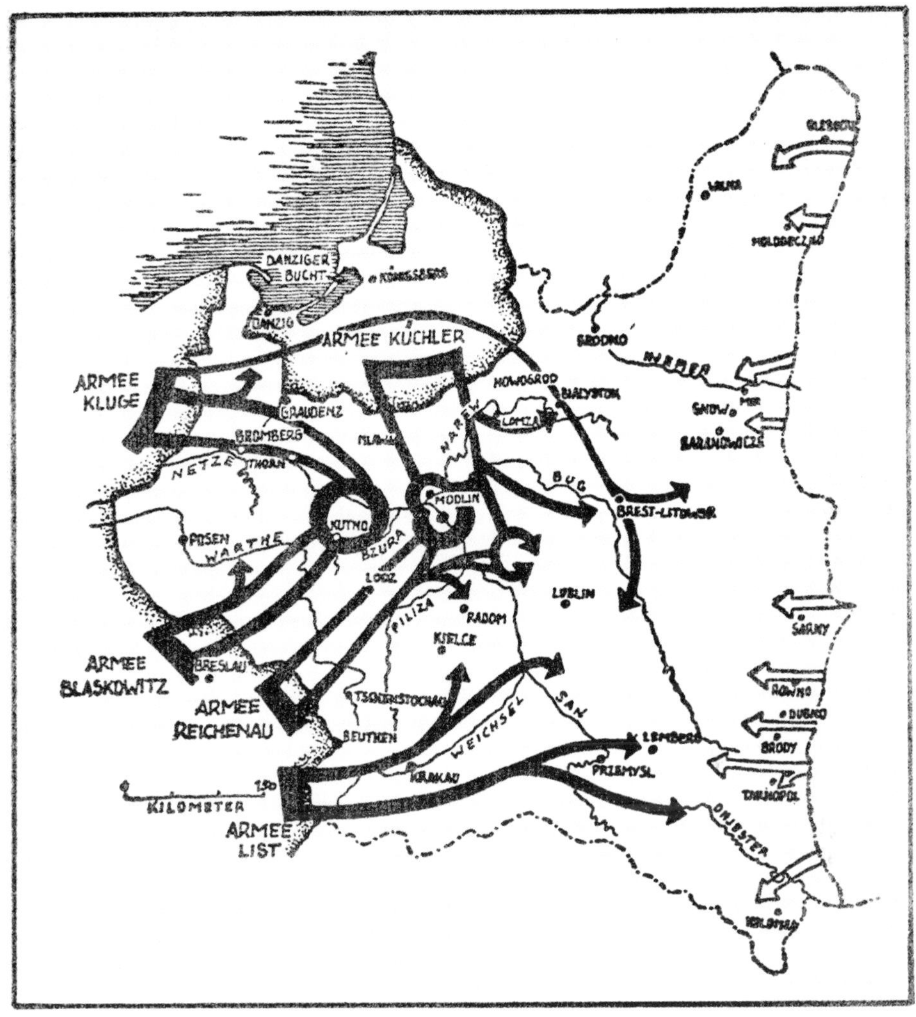

Der Polenfeldzug 1939
aus operativer Sicht.

ein Instrument der Politik. Ich werde der Armee ihre Aufgabe zuweisen, wenn der Augenblick gekommen ist. Die Armee hat diese Aufgabe zu lösen und nicht zu diskutieren, ob die Aufgabe richtig oder falsch ist."[12]

Es war Spätsommer geworden, als Oberstleutnant Willibald Utz und die ersten Einheiten seines Gebirgsjägerregiments 100 durch die Slowakei in ihren Aufmarschraum gerollt waren. Das Gros folgte etwas später nach. Die Nerven der Soldaten waren bis zum Äußersten angespannt, als sie erfuhren, dass sie in Galizien zum Einsatz kommen werden; auf jenem Kriegsschauplatz, den sie aus den Berichten ihrer Väter und Großväter kannten, als diese im Ersten Weltkrieg unter anderem verbissen um die Brücken und Furten an den Flüssen Dunajec und San kämpften.

Am 4. September 1939 war der Aufmarsch der 1. Gebirgsdivision hinter der polnischen Grenze beendet. In der Slowakei, im Raum zwischen Poprad und Altlublau, lagen die Gebirgsjäger, „das Treffen mit dem Gegner voll Ungeduld herbeiwünschend."[13] An diesem Tag wurde der 1. Gebirgsdivision ihr eigentlicher Auftrag mitgeteilt. Er lautete: Vorstoß über die polnische Grenze zunächst in nördlicher Richtung durch die Karpaten mit dem vorläufigen Ziel San, um von diesem Fluss aus zur Umfassung des polnischen Südflügels auf Lemberg vorzustoßen und somit ein Ausweichen der gegnerischen Kräfte über den Raum Lemberg hinaus nach Ungarn zu verhindern.

Für die Gebirgsjägerregimenter 98, 99 und 100 ergab sich daraus folgende Stoßrichtung: Das verstärkte Gebirgsjägerregiment 100 unter Oberstleutnant Willibald Utz hatte über Piwnczana (Piwniczna-Zdrój) und das verstärkte Gebirgsjägerregiment 99 unter Oberstleutnant Hermann Kreß über Muszyna ostwärts vorzustoßen. Das Gebirgsjägerregiment 98 unter Oberstleutnant Ferdinand Schörner sollte am 5. und 6. September in der Slowakei nach Osten marschieren und im Überholungsgedanken Bardejov erreichen. Auf einen Nenner gebracht lautete der Auftrag für Küblers 1. Gebirgsdivision und deren Regimenter: „Auf dem kürzesten Wege Lemberg erreichen!"

Das erste, was die Gebirgsjäger im Polenfeldzug lernten: marschieren, marschieren, marschieren – und zwar dreißig, vierzig und nicht selten sogar fünfzig Kilometer am Tag! Im Großen und Ganzen verliefen die ersten Tage des Polenfeldzuges für die Gebirgsverbände im Gegensatz zu den schweren Kampfhandlungen bei den anderen Heeresverbänden – ausgenommen von kleineren, unbedeutenden und daher nicht besonders nennenswerten Plänkeleien – relativ ruhig.

Die Masse der 1. Gebirgsdivision überschritt in den frühen Morgenstunden des 7. Septembers die polnische Grenze von Polánka Niz aus, um dann in nordostwärtiger Richtung gegen Zmigrod vorzugehen, wo sie sich mit den restlichen Divisionsteilen tags darauf vereinigte. Am Morgen des 8. Septembers ließ Kübler eine motorisierte Verfolgungsgruppe unter dem Befehl des Kommandeurs des Gebirgsartillerieregiments 79 aufstellen. Die Bildung dieser Speerspitze zahlte sich schon sehr schnell aus.

Graue Staubwolken, die von den Bergstiefeln der Jäger, den Hufen der Tragtiere und den Radfahrzeugen aufgewirbelt wurden, umhüllten die Angriffskompanien. Bald waren die Kehlen der Männer ausgetrocknet. Hart drückten der Rucksack und die Waffen vor allem auf den schmalen Schultern der jungen Marschierer, die, kaum dass sie ihre Stubenkameraden im Berchtesgadener Land richtig kennengelernt hatten, schon in den Krieg ziehen mussten.

Von kurzen Gefechten unterbrochen, marschierte das Gebirgsjägerregiment 100 durch Hitze und Staub, der immer wieder die Hände und Gesichter verkrustete, weiter in Richtung Lemberg. Am 7. September stieß das Gebirgsjägerregiment 99 auf Gorlice vor, um die Südflanke der benachbarten 2. Gebirgsdivision, die nördlich von Gorlice ausscherte, zu übernehmen. Währenddessen war das I. Bataillon des Gebirgsjägerregiments 100, dem später die Gebirgsaufklärungsabteilung 54 unterstellt wurde, über Zdynia auf Gorlice vormarschiert. Doch als die Gebirgsjäger aus Brannenburg-Degerndorf die Stadt erreichten, hatte sich der Feind schon wieder abgesetzt.

Vor der 1. Gebirgsdivision hatte sich der Gegner also dem ersten Zugriff der „Blumenteufel" entzogen. „Verfolgung des Gegners!", lautete daher in den nächsten Tagen die allgemeine Parole. Somit erreichten die beiden Verfolgungsgruppen schon am 9. beziehungsweise 10. September den strategisch überaus bedeutenden Sanabschnitt, hinter den sich die polnischen Infanteriedivisionen zurückgezogen

O. U., 11. September 1939.

Korps-Tagesbefehl

Soldaten!

Ihr seid den Resten des polnischen Heeres, das sich in wilder Flucht vor euch befindet, auf den Fersen. Es gilt, nicht loszulassen, sondern im äußersten Einsatz ihm den Todesstoß zu versetzen.

Nach Fliegermeldungen war die polnische Armee am 10. September auf allen Straßen ostwärts des San in vollem Rückzug. Die Eisenbahnstrecke nach Przemysl war völlig verstopft. Die auf diese im Rückzug befindlichen Truppen und Züge angesetzte Luftwaffe hat glänzende Erfolge erzielt. Die Bahnhöfe Przemysl, Sambor, Chyrow und Lemberg sind zerstört. Auf der Strecke Sanok—Sambor stauen sich die Züge im Abstand von 300 bis 500 Meter.

Nach Gefangenenaussagen herrscht völlige Verwirrung. Ihr müßt euer Letztes hergeben, um den Feind endgültig zu vernichten!

Der Kommandierende General

Beyer

Am 11. September 1939 überqueren deutsche Verbände den Fluss San im Südosten Polens. Der Kommandierende General Beyer lobt die Leistungen seiner Truppen in einem Korps-Tagesbefehl.

hatten. Diese Feindkräfte einzuschließen und auszuschalten, das war das operative Ziel des Kommandierenden Generals des XVIII. Gebirgsarmeekorps. Die frühzeitige Inbesitznahme des großen Verkehrsknotenpunktes Lemberg war hierzu die Voraussetzung. Demgemäß erließ General der Infanterie Eugen Beyer am 10. September folgenden Befehl:

„Nach dem nächsten erfolgreichen Gefecht mit bereitgehaltenen motorisierten Reserven und motorisierten Verbänden sofort ohne weitere Rücksichten auf Lemberg durchstoßen und die Fußtruppen in großen Märschen nachführen." Der kühne Durchstoß in hundert Kilometer Tiefe, von Kübler sowie seinen Generalstabsoffizieren ausgefeilt und von der Truppe schwungvoll durchgeführt, sollte wenig später in der Tat gelingen. Noch am 10. September erließ der Divisionskommandeur den Befehl zur legendären „Sturmfahrt auf Lemberg", um dem Gegner den Rückzug nach Osten abzuschneiden und ihn dadurch zur Übergabe der galizischen Hauptstadt zu zwingen. Damit war der Impuls zu den schlachtentscheidenden Kampfhandlungen gegeben.

Nun gab es für den schneidigen Oberstleutnant Willibald Utz und seine verwegenen Gebirgsjäger kein Halten mehr. Wie Teile einer Panzerdivision nach allen Seiten feuernd, so fegten die motorisierten Verbände die Straße nach Lemberg frei. Weil das aber immer noch nicht schnell genug ging, verlud man die „Blumenteufel" kurzerhand auf Lastkraftwagen. In aufgewirbelten Staubwolken ging es nun in rascher Fahrt ostwärts. Nur für die Tragtierstaffeln war kein Laderaum mehr vorhanden, sodass sie, hart am Rand der Erschöpfung, zu Fuß und per Muli über die staubigen Straßen Polens hinterherhetzten.

An der Spitze der Verfolgungskolonnen gab Generalmajor Kübler die entscheidenden Befehle: Angriff auf Lemberg unter gleichzeitiger Rückendeckung in der Seenenge von Grodek. Bereits am Abend des 11. Septembers wurde nach mehreren Gefechten der strategisch bedeutende Straßenknotenpunkt Sombor eingenommen. Einen Tag später erstürmte die motorisierte Vorausgruppe unter dem tatkräftigen Ferdinand Schörner die Höhen von Holosko nördlich von Lemberg.

Damit stand die 1. Gebirgsdivision mit ihren vordersten Kampfverbänden bereits weit im Rücken der gegnerischen Kräfte um Przemyśl. Die Zange hatte sich geschlossen. Kübler fasste für den Kampf um Lemberg unverzüglich die notwendigen Entschlüsse: „Baldige Gewinnung der beherrschenden Höhen bei Zboiska im Norden Lembergs (Hauptkräfte), Abschließung der Stadt nach Süden und Südosten (schwächere Kräfte), Sperrung der Seenenge von Grodek im Westen Lembergs gegen die Feindkräfte bei Przemyśl durch die nachfolgenden Teile der Division."[14]

Diese Entscheidung war dem Bauherrn der deutschen Gebirgstruppe nicht leichtgefallen, denn er wusste zu genau, dass die Aufgabe nur dann lösbar ist, wenn es gelingt, seine Division vor Lemberg zu vereinen. „Würde die Zange halten? Würde der Angriff in der geplanten Form zu realisieren sein?" Das waren die bangen Fragen, die Führer und Unterführer vor der galizischen Hauptstadt nicht nur einmal beschäftigten.

Dennoch wagten die Regiments- und Bataillonskommandeure ohne Rücksicht auf Verluste in einem wahren Hasardeurspiel den Einsatz – und zwar nach dem Motto: „Klotzen, nicht kleckern!" Das war nicht nur der Leitgedanke der Generäle Rommel und Guderian, sondern auch der von Kübler, Dietl und Schörner. „Der Feind wurde gejagt, wo immer er angetroffen wurde." So beschrieb die „Münchner Zeitung" das „Husarenstück des Divisionskommandeurs."[15]

Doch zuvor musste noch jene Krise beim XVIII. Gebirgsarmeekorps des Generals der Infanterie Eugen Beyer überwunden werden, die dadurch entstanden war, dass die Oberste Führung, die nach der britischen und französischen Kriegserklärung an das Deutsche Reich einen französischen Angriff gegen den Westwall befürchtete, am 13. September die 3. Gebirgsdivision des Generals Dietl überraschend ostwärts von Sanok aus der Front herauslöste und nach Westen transportierte.

Der 14. September 1939 stand ganz im Zeichen der Verfolgung des sich zäh verteidigenden Feindes. Der Schwerpunkt der deutschen Operationen lag jetzt eindeutig auf dem Südflügel des Ostheeres. Trotz ihrer Erschöpfung hetzte Oberstleutnant Willibald Utz mit seinen Gebirgsjägern vorwärts; galt es doch, drei gegnerische Divisionen westlich der Seenenge von Grodek einzukesseln, sofern die 57. Infanteriedivision, die 2. Gebirgsdivision und die 7. Infanteriedivision den Ring um die Polen schließen konnten.

Und sie konnten ihn schließen! Daher zerschellte der Ausbruchsversuch der polnischen 11., der 24. und der 38. Infanteriedivision am 15. September an der Abwehr der Gebirgssoldaten und im massierten Feuer der Gebirgsgeschütze. Der schwer angeschlagene Feind versuchte zwar noch, die Stellungen im Norden zu umgehen, wurde aber verfolgt und bei Lesniovice umzingelt. In ihrer Verzweiflung berannten die Polen nun pausenlos die Stellungen der „Blumenteufel", die den Einschließungsring daraufhin immer enger schlossen.

Dem Gegner gelangen zwar vereinzelte Einbrüche, aber der große Durchbruch wurde ihm durch die Deutschen vereitelt. Als der Feind nach Norden auswich, um über Janow nach Lemberg zu kommen, wurde das Bad Reichenhaller Gebirgsjägerbataillon als letzte Reserve durch Panzerjäger, Kradschützen und Gebirgsartillerie verstärkt und als „Kampfgruppe Pemsel" nördlich von Dobrostany zum Angriff bereitgestellt. So konnte auch hier der mit letzter Verzweiflung kämpfende Gegner schließlich bezwungen und das wichtige Straßenkreuz Jaryna am 18. September in Besitz genommen werden. Damit war die Gefahr im Rücken der 1. Gebirgsdivision gebannt.

Am Nachmittag des 19. Septembers erhielten die Regimentskommandeure Schörner und Utz den Befehl zum konzentrischen Angriff, der am 21. September auf Lemberg erfolgen sollte. Aber dazu kam es für sie nicht mehr. Denn am Morgen des 20. Septembers erschienen wie aus heiterem Himmel plötzlich sowjetische Panzer bei Zboiska, nachdem sich Lemberg der 1. Gebirgsdivision kampflos ergeben hatte. Utz und seine Männer hatten damit im Polenfeldzug ihre verdammte Pflicht und

Schuldigkeit getan. Nun hatten die deutschen und sowjetischen Politiker das Wort. Und diese hatten sich etwas sehr Merkwürdiges einfallen lassen.

Denn kurz vor Beendigung des „Blitzkrieges" gegen Polen, dessen militärischen Zusammenbruch Josef Stalin von Tag zu Tag immer aufmerksamer verfolgte, wollte sich der rote Zar seinen Anteil an der polnischen Beute sichern. Um noch zu retten, was zu retten war, übergab der Festungskommandant von Lemberg daher am 21. September 1939 in den Mittagsstunden die Stadt an die 1. Gebirgsdivision. Bereits im Morgengrauen des 17. Septembers hatte die Rote Armee die polnische Ostgrenze aufgrund des „Geheimen Zusatzprotokolls" des deutsch-sowjetischen Hitler-Stalin-Paktes vom 23. August 1939 überschritten und rückte nun in die darin vereinbarte Interessenzone vor.

Mochte Hitler gegen Ende des Polenfeldzuges im einverleibten Danzig auch verkünden: „Mit Mann und Ross und Wagen hat sie der Herr geschlagen!", wie die Geschlagenen verließ Utz mit seinen Gebirgsjägern Lemberg, da man sie aufgrund fragwürdiger politischer Entscheidungen in der Berliner Reichskanzlei und im Moskauer Kreml um den ganz großen und greifbaren Sieg auf dem Schlachtfeld gebracht hatte. Die galizische Hauptstadt musste den Sowjets überlassen werden. Das war eine herbe Enttäuschung für die Truppe. Man fragte sich zu Recht, ob die vielen toten und verwundeten Gebirgssoldaten letztendlich nicht für Hitlers, sondern für Stalins expansive Politik gefallen waren?

Wie der Führer und Oberste Befehlshaber in seiner Rede am 6. Oktober 1939 vor dem Großdeutschen Reichstag bekannt gab, hatte die deutsche Wehrmacht im „Feldzug der 18 Tage" insgesamt 10.572 Tote, 30.322 Verwundete und 3.409 Vermisste zu beklagen. Allein die Verluste der 1. Gebirgsdivision betrugen sage und schreibe 1.402 Mann; davon waren nicht weniger als 42 Offiziere, 69 Unteroffiziere und 313 Mannschaften gefallen![16]

Mit Betroffenheit stellten kritische Offiziere und Mannschaftsdienstgrade fest, dass die vielfach verklärte „Sturmfahrt auf Lemberg" zum einen aufgrund der mangelnden Kriegserfahrung, zum anderen aber auch durch die ungestüme Vorwärtstaktik ihres Divisionskommandeurs zum Langemarck der Stammdivision der deutschen Gebirgstruppe geworden war. Nach diesem Aderlass war die „Erste" eine Zeit lang nicht mehr frontverwendungsfähig, sodass sie zur Auffrischung in Ruhequartiere transportiert werden musste. Währenddessen wurde Maximilian Burghartswieser am 1. Oktober 1939 zum Feldwebel befördert und am 25. Oktober 1939 mit dem Eisernen Kreuz II. Klasse ausgezeichnet.

1. Gebirgs-Division
— Kommandeur —

Vor Lemberg, den 21. IX. 1939.

Soldaten

meiner ruhmreichen 1. Gebirgs-Division!

Mit ewigem Ruhm bedeckt beendet die 1. Gebirgs-Division den Feldzug in Galizien.

In unwiderstehlichen Angriffen und brausender Sturmfahrt habt Ihr Galizien erobert und eine Woche Vorsprung vor allen anderen gewonnen.

Vor Lemberg habt Ihr 9 Tage lang alle Angriffe von außen und innen abgeschlagen, keinen Fußbreit Boden aufgegeben und die Stadt mit eisernem Griff umschlossen gehalten.

Die Verteidigung der Seen-Enge bei Grodek im Rücken des Gegners und der Todesstoß von Dobrostany haben dem Feinde den letzten Rest gegeben.

10 000 Gefangene habt Ihr eingebracht, viele Tausende den Nachbarn in die Arme getrieben.

Das Edelweiß ist der Schrecken des Feindes geworden.

Soldaten!

Ihr habt Eure Pflicht getan.

Ich danke Euch.

Ich bin stolz auf Euch.

Heil unseren Toten und Verwundeten!

Heil dem Führer!

Es lebe Deutschland!

Kübler.

Der Kommandeur der 1. Gebirgsdivision, Ludwig Kübler, lobt im Tagesbefehl vom 21. September 1939 seine Truppen. Am selben Tag wurde der Artilleriebeschuss polnischer Schlüsselpositionen in Warschau intensiviert.

Mit dem Gebirgsjägerregiment 100 im Frankreichfeldzug

Doch statt in ihre oberbayerischen Friedensstandorte ging es für den Oberstleutnant Willibald Utz und seine Gebirgsjäger nun westwärts. Wie der Großteil des deutschen Heeres, so wurde auch das XVIII. Gebirgsarmeekorps des Generals der Infanterie Eugen Beyer mit seinen Divisionen in das Rheinland verlegt. Die 1. Gebirgsdivision zog mit ihren Regimentern in das liebliche Ahrtal und in die raue Eifel, wo die Ausbildung und Ergänzung der Truppe betrieben wurde. Dort lag man auf Tuchfühlung mit der 3. Gebirgsdivision.

Nun harrte man der Dinge, die da kommen sollten. Und diese versprachen nichts Gutes, obwohl die Franzosen zwischen dem 3. September 1939 und dem 9. April 1940 lediglich vom „Drôle de guerre", dem „seltsamen Krieg" sprachen. Aus ihm sollte für die Gebirgsjäger jedoch schon bald blutiger Ernst werden, nachdem der britische Premierminister Chamberlain und der französische Ministerpräsident Daladier Hitlers Friedensangebot brüsk zurückgewiesen hatten.

Daher erteilte der Führer und Oberste Befehlshaber bereits am 9. Oktober 1939 die Weisung Nr. 6 für die Kriegsführung im Westen, deren wesentlichste Punkte auf einen weiteren „Blitzkrieg" hinausliefen. Zur Entlohnung für seine bisherigen Leistungen auf dem Schlachtfeld und als Ansporn für die bevorstehenden Einsätze auf dem westlichen Kriegsschauplatz wurde Willibald Utz am 1. Februar 1940 zum Oberst befördert.

Im Rahmen der Heeresgruppe A des Generalobersten Gerd von Rundstedt strebte Utz mit der 1. Gebirgsdivision zunächst am 9./10. Mai 1940 bei einer durchschnittlichen Marschleistung von täglich vierzig Kilometern der Reichsgrenze zu. Von hier aus setzte er mit dem Gebirgsjägerregiment 100 zum Sprung über drei Grenzen an – und zwar zuerst über die deutsch-luxemburgische, dann über die luxemburgisch-belgische und zuletzt über die belgisch-französische. Sein Divisionskommandeur Ludwig Kübler war wieder voller Tatendrang, als er mit seinen „Blumenteufeln" in gewohnter Zielstrebigkeit die Marschrichtung angab und den jeweiligen Kommandeuren ihre militärischen Ziele zuwies.

Am 14. Mai 1940 wurden die Gebirgsjägerbataillone an die Maas herangezogen. Hier, wie später im Raum Fumay und bei Hirson, zeichneten sich die Gebirgsjäger besonders aus. Von der Maas eilten sie dem Oise-Aisne-Kanal südwestlich von Laon entgegen. Dort gab es einen überraschenden Halt für die 1. Gebirgsdivision. Denn während sich in Flandern und an der Kanalküste die erste große Entscheidungsschlacht des Westfeldzuges ihrem Ende näherte, hatten die „Blumenteufel" mit anderen Verbänden eine Abwehrfront nach Südwesten zu bilden. Hier richteten sie sich zur Vertei-

Ritterkreuzträger Maximilian Burghartswieser mit dem Heeresbergführerabzeichen.

General Ludwig Kübler
als Kommandeur der 1. Gebirgsdivision.

Wagenkolonne der Deutschen Wehrmacht
nach Beginn des Polenfeldzuges mit einem polnischen Grenzpfahl.

Auf der trockenen polnischen Vormarschstraße der Gebirgstruppe wird der Staub aufgewirbelt.

Auf dem Vormarsch hinterließen die Truppen nicht nur defekte Gegenstände, auch zahlreiche Pferde überlebten die Strapazen nicht.

Nach dem Angriff auf Jablonka.

Der Sanübergang bei Sanok.

Gebirgsjäger während
des Feldzuges gegen Polen.

Ein polnisches Dorf
westlich von Lemberg.

Eine bespannte russische Einheit bei einer Rast
in einem polnischen Dorf.

Eine Wagenkolonne fährt durch ein kleines Dorf in Richtung Lemberg.

Zwei Soldaten betrachten auf dem Vorbeimarsch Ölfördertürme am Wegesrand in Galizien.

Deutsche und sowjetische Soldaten westlich von Lemberg – Foto 1.

Deutsche und sowjetische Soldaten westlich von Lemberg – Foto 2.

Gebirgssoldaten verabschieden sich nach Beendigung des Polenfeldzuges von ihren gefallenen Kameraden.

Soldaten auf dem Weg in die Heimat nach Beendigung der „Sturmfahrt auf Lemberg“.

Inspektion der Truppe
vor Beginn des Westfeldzuges 1940.

Außer Gefecht gesetzter Bunker
der französischen „Maginotlinie".

Ein festgefahrener schwerer französischer Panzer Char B1 wird von Gebirgsjägern besichtigt.

In einer Gefangenensammelstelle in der Nähe eines Fabrikgebäudes sind bereits Tausende von französischen Soldaten angekommen.

Ein außer Gefecht gesetzter französischer Panzer Char B1 wird von den Deutschen in Augenschein genommen.

*Deutsche Gebirgsjäger überschreiten
am 16. Mai 1940 die Maas.*

*Zwei deutsche Soldatengräber
in französischer Erde.*

Die Zeichnung zeigt Maximilian Burghartswieser während eines Kampfeinsatzes.

digung bei dem etwa zehn bis fünfzehn Meter breiten und rund zwei Meter tiefen Wasserhindernis wie folgt ein: Rechts das Gebirgsjägerregiment 100 unter Oberst Utz, links das Gebirgsjägerregiment 99 unter Oberst Kreß. Die lange rechte Flanke an der Aisne bis la Ferré sicherte Oberst Schörner mit seinem Gebirgsjägerregiment 98 zusammen mit dem ihm zugewiesenen Maschinengewehrbataillon 2.

Der Stellungskrieg am Oise-Aisne-Kanal und die Verteidigung des Wasserlaufes zogen sich vom 22. Mai bis zum 4. Juni 1940 hin. „Tag wechselt mit Nacht, Nacht mit Tag", heißt es im Gedenkbuch der 1. Gebirgsdivision. „Die Franzosen haben den Eindruck, dass die Deutschen nicht die Kraft besitzen, weiter vorzustoßen und es zum Stellungskrieg, zum Kampf um jeden Meter des Bodens kommen werde müssen. Darum schanzen sie selbst, bauen, schießen zu bestimmten Zeiten mit Artillerie und warten. Noch tobt die Schlacht in Flandern. Erst wenn sie siegreich beendet ist, wird der Stoß in Frankreichs Herz erfolgen."[17]

Zwischenzeitlich wechselte die 1. Gebirgsdivision am 2. Juni das übergeordnete Generalkommando und kam so vom XVIII. Gebirgsarmeekorps der 12. Armee zum XXXXIV. Armeekorps, womit die Stammdivision der deutschen Gebirgstruppe am linken Flügel der 6. Armee stand.

Mit jedem Tag rückte der Angriffsbeginn über den Oise-Aisne-Kanal für Oberst Utz und sein Gebirgsjägerregiment 100 näher. Angespannt warteten die Angriffsbataillone auf die entscheidenden Befehle. Am 4. Juni, es war um 14.20 Uhr, traf endlich der „Korpsbefehl für den Angriff" ein. Auf dieser Grundlage erarbeitete General Kübler nun mit seinen Generalstabsoffizieren den „Divisionsbefehl Nr. 38 für Bereitstellung und Angriff am 5. Juni", der noch am selben Tag um 18.20 Uhr an die Regiments-, Abteilungs- und Bataillonskommandeure verteilt wurde.

In diesem bis dato für die „Edelweißsoldaten" wichtigsten Divisionsbefehl des Frankreichfeldzuges wurde unter anderem festgelegt, dass die „Erste" als linke Division des XXXXIV. Armeekorps nach einer halbstündigen Feuervorbereitung auf die gegnerischen Stellungen am Morgen des 5. Juni 1940, um 05.30 Uhr, anzugreifen und den Übergang über den strategisch bedeutenden Oise-Aisne-Kanal zu erzwingen habe.

Endlich wurde es finster. Im Schutz der Dunkelheit konnten die letzten Angriffsvorbereitungen vollzogen werden. Im gesamten sumpfigen Kanalgrund krochen die Gebirgsjäger in der Nacht vom 4. zum 5. Juni in ihre Ausgangsstellungen; schoben sich die Gebirgspioniere mit ihren Floßsäcken an die Uferböschungen des Kanals heran; bereiteten die Gebirgsartilleristen das massierte Feuer auf die feindlichen Stellungen vor. Dann war es in den erwachenden Morgenstunden des schicksalhaften 5. Junis 1940 endlich soweit. Um 05.00 Uhr kam für die Gebirgsartillerie das Kommando: „150 Schuss Trommelfeuer auf Sperrfeuerraum A!"

Hart schlugen die ersten Granaten in den gegnerischen Stellungen ein. Eine halbe Stunde später wurde das Feuer der Gebirgsartillerie tiefer in die feindlichen Linien verlegt, um den Gebirgsjägern und Gebirgspionieren die Möglichkeit zu geben, den Angriff über den Oise-Aisne-Kanal hinweg zu tragen. Schon klatschten die Floßsäcke der Gebirgspioniere in das Wasser und brachten die ersten Stoßtrupps mit den Gebirgsjägern an das andere Ufer, wo der gegnerische Widerstand nach harten Gefechten zusammenbrach. Dann begannen die Angriffskompanien der verschiedenen Gebirgsjägerbataillone mit dem Übersetzen der Mannschaften. Noch wog der Kampf hin und her; drohte sich der geschlossen vorgetragene Angriff aufgrund des französischen Widerstandes in Einzelgefechte aufzulösen.

Es war abermals Abend und Nacht geworden, als sämtliche Truppenteile der 1. Gebirgsdivision endlich über die Kriegsbrücken und Stege, die die Gebirgspioniere eilig über den Kanal geschlagen hatten, marschieren beziehungsweise fahren konnten, um den Gegner zu verfolgen. Seine Front hielt zwar zunächst noch den massiert vorgetragenen Schlägen der „Blumenteufel" stand, aber sie war schon schwer erschüttert worden. Tief drangen die Deutschen in die Stellungen des Gegners ein. Der Sturmlauf war derart zügig vonstattengegangen, dass die Nachbardivisionen bereits zurückhingen und die eigene Artillerie nicht mehr nachkam, sodass sie schließlich ihr Feuer einstellen musste.

Der schwerste und zugleich der größte Tag der 1. Gebirgsdivision während des Frankreichfeldzuges ging für Burghartswieser zur Neige. Der Gegner, der blutige Opfer bringen musste, um die Gebirgsjäger wenigstens vorübergehend am Oise-Aisne-Kanal aufzuhalten, hatte den „Blumenteufeln" den Übergang über den Wasserlauf alles andere als leicht gemacht.

Der 5. und 6. Juni 1940 waren wieder Tage der Bewährung für die 1. Gebirgsdivision. Sie forderten von den Frontsoldaten die ganze Willenskraft, einen kühlen Kopf und ein heißes Herz. Denn schon am 6. Juni rollte der Angriff in Richtung Aisne weiter. Durst und Müdigkeit konnten aber den Angriffswillen des Obersten Utz und seiner Männer, die dem kühlen Abend entgegenmarschierten, nicht brechen. Da die „Erste" ihren Nachbardivisionen wieder weit vorausgeeilt war und allein an der Aisne stand, wurde der stark erschöpften Truppe am 7. Juni ein Rasttag gewährt.

Die Vorbereitungen für den Angriff über die Aisne liefen ähnlich ab wie die beim Übergang über den Kanal; jedoch mit dem Unterschied, dass sich die Jahreszeit der Sommersonnenwende immer mehr näherte. In der Nacht vom 7. zum 8. Juni zogen die Gebirgsjägerregimenter 98, 99 und 100 in ihre Bereitstellungsräume. Die Gebirgspioniere rollten mit ihren Pontonfahrzeugen für den Brückenschlag an die dafür ausgekundschafteten Brückenstellen heran, während die eigene und die gegnerische Artillerie von Stunde zu Stunde mehr und mehr Granaten auf die vermuteten Stellungen des Gegners feuerten.

Dann war es endlich soweit. Die Nervenanspannung der Angriffskompanien wich merklich, als sie den Befehl zum Losschlagen erhielten. Unter dem Schutzschild der Gebirgsartillerie wurde die Aisne nach wechselvollen Kämpfen von den Gebirgsjägern, den Gebirgspionieren, den Gebirgspanzerjägern, den Tragtierkolonnen sowie dem Gros der 1. Gebirgsdivision überschritten. Es sollte für den Obristen Willibald Utz und seine tatendurstigen „Blumenteufel" der Beginn eines außergewöhnlichen Siegeszuges durch Frankreich werden.

Nachdem die Franzosen auch noch die Hiobsbotschaft der Niederlage vom nordfranzösischen Kriegsschauplatz erhalten hatten, wichen sie auf der ganzen Front zurück. Aus diesem Grund wurde die Verfolgung am 9. Juni wieder aufgenommen, um den stark angeschlagenen Feind zu stellen. Als das geschehen war, wurden die Franzosen durch abgestellte Trupps entwaffnet und in die Gefangenschaft abgeführt. Ohne Zweifel: der Gegner war erschüttert, sein Rückzug glich mehr einer heillosen Flucht als einer geordneten Absetzbewegung; kurzum, Verwirrung auf der ganzen Frontlinie. Für die Deutschen wurde der Feldzug dagegen zusehends zu einem Verfolgungsrennen auf den staubigen Straßen Frankreichs.

Am Abend des 9. Junis erreichten die Gebirgstruppen noch den kleinen Flusslauf des Ourcq und bereiteten ihren dortigen Angriff vor. In der Nacht schufen sie einen Brückenkopf und erleichterten damit der Truppe am kommenden Tag den Uferwechsel über den im Ersten Weltkrieg so gefürchteten Wasserlauf. Tags darauf konnte sich der Feind mangels eigener Artillerie kaum noch den „Blumenteufeln" erwehren, sodass er sich schließlich ergab. Das veranlasste General Kübler, zwei schnelle Vorhuten zu bilden, um den deutschen Schicksalsfluss des Ersten Weltkrieges so schnell wie nur irgendwie möglich zu erreichen. Hierzu gab er den begeistert aufgenommenen Befehl heraus: „Die Truppen haben freie Bahn im Wettlauf zur Marne!"

Jetzt waren die Regiments- und Bataillonskommandeure nicht mehr zu halten. „Hin zur Marne", lautete ihre Parole. Hitze und Schweiß, zerschundene Füße und verkrampfte Muskeln wurden nicht mehr recht wahrgenommen. Denn das magische Wort „Marne" mobilisierte die letzten Kraftreserven.

„Hin zur Marne!", so schall es tausendfach durch die Regimenter und Abteilungen, durch die Kompanien und Bataillone der 1. Gebirgsdivision. Nimmt es da wunder, dass der 11. Juni 1940 von einem wahren Wettlauf zur Marne gekennzeichnet war?

Es war ein Wettrennen, das schließlich – im Gegensatz zum Kriegsjahr 1914, als sich das launische Kriegsglück unversehens auf die Seite der Franzosen geschlagen hatte – von den Deutschen gewonnen wurde. Am 13. Juni 1940 trat die Stammdivision der deutschen Gebirgstruppe zur weiteren Verfolgung des hart angeschlagenen Gegners an. Petit Morin, Grand Morin und die Seine; Yonne, Quanne, Loire und Cher hießen die Flüsse, die die Gebirgsjäger im Verlauf der weiteren Verfolgungskämpfe noch zu überqueren hatten. Doch trotz aller Härte, Hitze und Entbehrungen, die sie noch auszuhalten und zu durchleiden hatten, in allzu schwere Gefechte wurden sie glücklicherweise nicht mehr verwickelt.

Die Tage vom 13./14. bis 18. Juni 1940 gestalteten sich für das Gebirgsjägerregiment 100 stattdessen zu einem wahren Siegeslauf nach Süden; auch dann noch, als sich zuweilen der völlig demoralisierte Feind nochmals aufbäumte. Es war im Cherabschnitt bei Bourges, als der Kommandeur der 1. Gebirgsdivision den Befehl erhielt, den Kampf einzustellen. Damit waren die wesentlichen Kampfhandlungen für den Obristen Willibald Utz und sein Gebirgsjägerregiment 100 im Frankreichfeldzug abgeschlossen.

Seit dem 25. Juni 1940 schwiegen die Waffen, zwischen Deutschland und Frankreich endgültig. Oberst Utz wurde mit seinem Gebirgsjägerregiment 100 im Rahmen der 1. Gebirgsdivision mit Sicherungsaufgaben an der Demarkationslinie zum nichtbesetzten Teil Frankreichs betraut. Vom Juni 1940 bis zum März 1941 wurde die Stammdivision der deutschen Gebirgstruppe zunächst in die vorbereitenden Maßnahmen zum Unternehmen „Seelöwe" und dann zum Unternehmen „Felix" herangezogen.

Hinter dem ersteren verbarg sich die Landung auf den Britischen Inseln und ihre Besetzung durch die Deutsche Wehrmacht. Beim zweiten Unternehmen ging es um die Eroberung des Affenfelsens von Gibraltar. Da jedoch beide Operationen nicht durchgeführt wurden, wurde die „Erste" im März 1941 in den Raum Wiener Neustadt verlegt. Von hier aus nahm sie im Frühjahr 1941 ohne Oberst Utz und das Gebirgsjägerregiment 100 am Jugoslawienfeldzug teil. Wie es dazu kam, das erfahren wir im folgenden Kapitel.

1. Gebirgs-Division
Kommandeur

Bei Presly, 20.6.1940.

SOLDATEN!

Die 1. Gebirgs-Division beendet, zu neuen Taten berufen, diesen Feldzug.

Es war ein Siegeslauf ohnegleichen.

In neuntaegiger Durchbruchsschlacht vom 5. bis 13. Juni habt Ihr den Feind vernichtend geschlagen. Ihr habt ihn angegriffen und durchbrochen

an der Ailette *bei* Coucy-le-Château,
an der Aisne *bei* Soissons,
am Ourcq *bei* Vichel *und*
an der Marne *bei* Château-Thierry.

Als Ihr bis zum Grand Morin 90 km tief vorgedrungen wart, war die entscheidende Bresche geschlagen durch die sich nunmehr die Panzerkorps in die Weite des Landes ergiessen konnten

In siebentaegiger Verfolgung vom 14. bis 20. Juni habt Ihr den Feind immer wieder eingeholt und erneut geschlagen.

Ueber die Seine, *die* Loire *und*
die Yonne, *den* Cher

seid Ihr 220 km weit vorgestossen bis Euch hoeherer Befehl Halt gebot 11 000 Gefangene sind eingebracht, die Beute ist unübersehbar.

Wir neigen uns in Ehrfurcht vor unseren Toten die ihr Leben, wir grüssen unsere Verwundeten die ihre Gesundheit geopfert haben.

SOLDATEN!

Wieder, wie in Galizien und vor Lemberg habt Ihr Eure Pflicht erfüllt. Wieder wie in Polen, war die 1. Gebirgs-Division allen anderen stets weit voraus, an der Spitze der Armee

Ich danke Euch, weil Ihr tapfer wart und treu.
Unsterblicher Ruhm kroent die 1. Gebirgs-Division

Seid stolz !
Wir grüssen die Heimat.
Es lebe der Führer !

Kübler

Der Tagesbefehl von General Kübler,
herausgegeben in Presly am 20. Juni 1940.

Die Aufstellung der 5. Gebirgsdivision

Im Sommer 1940 hatte die Deutsche Wehrmacht alle Gegner auf dem europäischen Festland in „Blitzkriegen" besiegt: Polen, Dänemark und Norwegen, die Niederlande, Belgien und Frankreich. Doch an ein baldiges Kriegsende war nicht zu denken. Denn Hitler sah sich plötzlich gezwungen, seinem bedrängten Bundesgenossen Mussolini zu Hilfe zu eilen, der seinen separat begonnenen Krieg mit Griechenland zu verlieren drohte. Doch damit nicht genug: In letzter Minute musste auch noch Jugoslawien, das durch einen innenpolitischen Umschwung in das Lager der Feinde abdriftete, in den deutschen Aufmarschplan des Balkanfeldzuges mit einbezogen werden. Dabei befasste sich der Führer und Oberste Befehlshaber bereits mit dem Unternehmen „Barbarossa". Mit von der Partie waren bei all diesen Feldzügen auch Gebirgstruppen. Daher war noch im Juni 1940 die 6. Gebirgsdivision unter General Ferdinand Schörner aufgestellt worden. Ihr folgte im Herbst desselben Jahres die 4. Gebirgsdivision unter General Karl Eglseer und die 5. Gebirgsdivision.[18]

Letztere stellte Generalmajor Julius Ringel, ein bewährter Kaiserschützenoffizier der ruhmreichen k. u. k. Armee im Ersten Weltkrieg, im Raum Salzburg – Tirol auf. Er war ein ausgezeichneter Offizier in beiden Weltkriegen und einer der herausragensten, markantesten und volkstümlichsten Generäle der deutschen Gebirgstruppe. Die Waffentaten seiner Gebirgsjäger im Balkanfeldzug beim Durchbruch durch die griechische „Metaxaslinie" sowie bei der Eroberung der Mittelmeerinsel Kreta zählen zu den großartigsten Leistungen der Soldaten mit dem Edelweiß im Zweiten Weltkrieg.

Anschließend kämpfe er mit seinen „Blumenteufeln" im Nordabschnitt der Ostfront unter anderem am Wolchow sowie später auf dem italienischen Kriegsschauplatz bei Monte Cassino. Ringels starke Ausstrahlungskraft gegenüber seinen Jägern, die ihn liebevoll „Papa Ringel" nannten, seine Herzlichkeit als Mensch und Offizier sowie seine Führungseigenschaften waren mitbestimmend für die militärischen Leistungen seiner Truppe, die am 25. Oktober 1943 mit der Verleihung des 312. Eichenlaubs zum Ritterkreuz des Eisernen Kreuzes gekrönt wurden.

Von der 1. Gebirgsdivision wurde für die Neuaufstellung der 5. Gebirgsdivision das Gebirgsjägerregiment 100 mit seinem Kommandeur Oberst Willibald Utz abgegeben; von der 10. Infanteriedivision das Infanterieregiment 85, das nunmehr als Gebirgsjägerregiment 85 geführt wurde. Die übrigen Divisionstruppen mussten meist aus Abgaben anderer Einheiten neu formiert werden und trugen als Divisionsnummer die 95. Das sich in vier Abteilungen gliedernde Gebirgsartillerieregiment 95 stand unter der Führung von Oberstleutnant August Wittmann.[19] Kommandeur der II. Abteilung des Gebirgsartillerieregiments 95 wurde Hauptmann Heribert Raithel, der aus dem Stab des Artilleriekommandeurs ausschied, um zu seiner sogenannten

„Muli-Artillerie" zurückzukehren.[20] Nach Abschluss der Aufstellungsphase sah die Gliederung der 5. Gebirgsdivision wie folgt aus:

- Gebirgsjägerregiment 85
- Gebirgsjägerregiment 100
- Gebirgsartillerieregiment 95
- Gebirgspanzerjägerabteilung 95; im November 1941 abgegeben, dafür
- Gebirgspanzerjägerabteilung 48
- Gebirgspionierbataillon 95
- Gebirgsnachrichtenabteilung 95
- Gebirgsaufklärungsabteilung 95; im November 1941 abgegeben, dafür
- Radfahrbataillon 68
- Schnelle Abteilung 85; ab März 1943, wird 1944 umbenannt in
- Aufklärungsabteilung 85; aufgegliedert in
- Panzerjägerabteilung 85
- Gebirgsfeldersatzbataillon 95
- Divisions- und Versorgungseinheiten mit der Nummer 95

„Offen gesagt, hatte ich von der 5. Gebirgsdivision bisher keine allzu hohe Meinung", gestand der spätere Kommandeur des Gebirgsjägerregiments 100 auf dem italienischen Kriegsschauplatz und Ritterkreuzträger Oberst Richard Ernst in seinem nach Kriegsende verfassten Tagebuch. „Sie hat in Griechenland ihre Pflicht getan, sich aber von Schörners 6. Gebirgsdivision an die Wand drücken lassen.

In Kreta hat sie zweifelsohne Besonderes geleistet. In Russland ist sie schwer zerrupft worden – nicht weil ihre Offiziere nichts getaugt hätten, sondern weil ihre Truppen bei Ankunft an der Nordfront bataillons- ja sogar kompanieweise fremden Divisionen unterstellt und an den dreckigsten Stellen hineingebuttert wurden. Dass dieser Zustand zu lange gedauert hat, dass die Einheiten der Division viel zu spät erst zusammengefunden haben und dann immer wieder zerrissen worden sind, kann man dem Divisionskommandeur, General Ringel, vielleicht zum Vorwurf machen. Er hat wohl immer mächtig geschimpft und auch hohen Herren gegenüber kein Blatt vor dem Mund genommen, aber er hat nichts oder nicht viel erreicht.

Als nach Ankunft in Italien die Division im November 1943 wieder in Stücke zerrissen wurde, soll er so aufbegehrt haben, dass er – wie man erzählt! – abgelöst worden und als Kommandierender General des stellvertretenden XVIII. Armeekorps die Treppe hinaufgefallen ist. Er hat zweifelsohne den guten Willen gehabt, aber nicht die notwendige Gewandtheit im Umgang mit seinen vorgesetzten Dienststellen. (Schörner wäre so etwas nie passiert!)"[21]

1. Gebirgs-Division
(Stab Wintergerst)
Kommandeur

St.Qu., den 3.11.40

Tagesbefehl.

Mit dem heutigen Tage scheidet das Gebirgs-Jäger-Regiment 100 und die I./Gebirgs-Artillerie-Regiment 79 aus dem Befehlsbereich der 1. Gebirgs-Division (Stab Wintergerst) aus.

Dem Regiment und der Abteilung meinen Dank für die vorbildliche Aufbauarbeit im Frieden, meine höchste Anerkennung für das tapfere Heldentum, das die 1. Gebirgs-Division von Sieg zu Sieg führte und meine aufrichtigsten Wünsche für weiteres Soldatenglück!

Wintergerst

Verteilt:
Wie Div.Tg.Bef. = 154

Oberst Wintergerst kündigt in einem Schreiben das Ausscheiden des Gebirgsjägerregiments 100 und der I. Abteilung/Gebirgsartillerieregiment 79 aus dem Befehlsbereich der 1. Gebirgsdivision an.

Der deutsche Balkanfeldzug 1941

Die Hoffnungen des Reichskanzlers und Führers, den Krieg 1940 durch einen siegreichen Ausgang des Unternehmens „Seelöwe" über Großbritannien im Westen zu beenden, hatten sich nicht erfüllt, nachdem die Landeoperation gescheitert war. Schon zogen neue, schwere Gewitterwolken am europäischen Himmel herauf; dieses Mal aus dem Südosten, die auf eine Ausweitung des Zweiten Weltkrieges hindeuteten.[22]

Während Hitler im Herbst 1940 noch nach politischen und militärischen Verbündeten Ausschau gehalten hatte, eröffnete der Duce auf eigene Faust von Albanien aus einen Angriff auf Griechenland, was keineswegs den Wünschen und Plänen seines Achsenpartners entsprochen hatte. Vielmehr versuchte der gekränkte Mussolini sein angekratztes Prestige mit einem siegreich geführten Feldzug auf dem südosteuropäischen Kriegsschauplatz aufzupolieren. Denn die deutschen Erfolge in Polen, Frankreich und Norwegen sowie die militärische und wirtschaftliche Durchdringung Rumäniens durch Deutschland ließen ihn nicht ruhen.

Zur Aufstellung der 5. Gebirgsdivision wurde unter anderem das Gebirgsjägerregiment 100 aus der 1. Gebirgsdivision ausgegliedert.

Benito Mussolini, der das Mittelmeer als „Mare Nostrum", als sein Meer betrachtete, strebte für Italien eine Art Mittelmeerhegemonialmacht nach dem Vorbild des Römischen Reiches an. Doch die zahlenmäßig weit überlegenen Italiener konnten sich nicht gegen die Griechen durchsetzen. Vielmehr drangen diese im Winter 1940/1941 siegreich in das italienisch besetzte Albanien vor. Als es dann noch in Jugoslawien zu einem Sturz der deutschfreundlichen Regierung kam, griff die Deutsche Wehrmacht Jugoslawien und Griechenland gleichzeitig an. In einem „Blitzkrieg" à la West- oder Skandinavienfeldzug, der mit einer „Präzision und Sicherheit ohnegleichen abrollte",[23] wurden die beiden Länder besiegt und besetzt.

Generalfeldmarschall Wilhelm List war der Oberbefehlshaber der 12. Armee, die den Griechenlandfeldzug auszuführen hatte. General Franz Böhme befehligte als Kommandierender General das XVIII. Gebirgsarmeekorps, dem unter anderem die 5. und 6. Gebirgsdivision unterstanden. Zwischen dem 6. und 27. April wurde das griechische Festland von den deutschen Truppen besetzt, nachdem ein Angriff der 12. Armee trotz des tapferen griechischen Widerstandes die schützende „Metaxaslinie" an der Nordgrenze durchbrochen hatte.

Rumänien war der Ausgangspunkt der 5. Gebirgsdivision unter der Führung des Generals Julius Ringel. Um den Ort Craiova versammelte sie sich im Frühjahr 1941 und zog dann durch das dem Dreimächtepakt beigetretene Bulgarien nach Griechenland, wo sie sich als Bunkerknacker gegen die „Metaxaslinie" bewähren konnte. Gleichzeitig durchbrach auch die 6. Gebirgsdivision unter General Ferdinand Schörner das griechische Bollwerk, um sich im Verlauf der weiteren Operationen auf der Hellenenhalbinsel auszubreiten. Die Durchbrüche der „Sechsten" über das winterliche Hochgebirge und der „Fünften" am Rupelpass innerhalb von vierundzwanzig Stunden zählen zu den großartigsten Truppenleistungen des Zweiten Weltkrieges.

Der Stoß durch die griechische „Metaxaslinie“

Bereits Ende Februar 1941 war die neu aufgestellte 5. Gebirgsdivision einsatzbereit. Anfang März erreichte sie im Bahntransport den Raum Craiova in Rumänien, wo ausgeladen wurde. Dann zogen die Gebirgssoldaten über die Donau quer durch Bulgarien in Richtung Süden. Dort stießen sie auf Griechenlands stärksten Festungsgürtel, die „Metaxaslinie“, die ehemalige k. u. k. Festungsspezialisten zwischen den beiden Weltkriegen errichtet hatten. Bietet schon die mehrfach gestaffelte Kette des Belasizagebirges jedem Angreifer ein natürliches Hindernis, so wurde sein weiteres Vordringen angesichts der in Fels gehauenen Festungsanlagen zu einem nicht mehr abwägbaren Risiko.

Diese Verteidigungslinie war ein mit Bunkern aus Stahl und Beton durchsetztes abwehrbereites Bollwerk, das sich geschickt in den gewachsenen Fels und in die bis zu zweitausend Meter hohen Berge einfügte. Als stärkste und zentralste Punkte galten dabei der 1.335 Meter hohe Festungsberg Istibei mit einer Besatzung von dreizehn Offizieren, 472 Mannschaften und dreiundvierzig Maschinengewehren; der 1.697 Meter hohe Nachbargipfel Popotliwitza mit einer Besatzung von vier Offizieren, 171 Mannschaften und dreißig Maschinengewehren. Hinzu kam noch der 1.951 Meter hohe Rupesko mit einer Besatzung von sechs Offizieren, 211 Mannschaften und vier Maschinengewehren. Diese waffenstarrenden Bergfestungen lagen im Angriffsstreifen der 5. Gebirgsdivision mit dem Gebirgsjägerregiment 100 unter Oberst Willibald Utz und dem am 1. September 1940 zum Oberjäger beförderten Hans Sandner.

In tiefer Staffelung wurde die Artillerie mit schwerstem Kaliber bis hin zu den 21-cm-Mörsern bereitgestellt. Die Sturmtruppen setzten sich aus Gebirgsjägern und Gebirgspionieren zusammen, von denen nach unzähligen Einzelgefechten und unbekannt bleibenden Heldentaten der Erfolg oder Misserfolg des gesamten Unternehmens abhing. Mit von der Partie war bekanntlich auch Oberst Utz mit seinen eingeschworenen Gebirgsjägern aus den Standorten Bad Reichenhall, Berchtesgaden und Brannenburg-Degerndorf am Inn.

Zunächst galt es, in dem noch tief verschneiten Gebirge die Gebirgsgeschütze zu zerlegen und dann im Seilzug in gut ausgewählte Feuerstellungen zu transportieren. Weder die unermüdlichen Tragtiere noch die Technik konnten bei dieser schweren Arbeit den auf sich allein gestellten Gebirgsartilleristen eine wesentliche Erleichterung bringen. Zu alledem musste wegen der Feindeinsicht alles zu nächtlicher Stunde bewerkstelligt werden. General Ringel stellte später anerkennend fest: „Welch eine Leistung diese Transporte im Hochgebirge darstellen, kann nur der ermessen, der ähnliches im Hochgebirge mitgemacht hat.“[24] Zu Angriffsbeginn pflügten Stukaangriffe in einem ungeahnten Ausmaße und schwerer Artilleriebeschuss mit

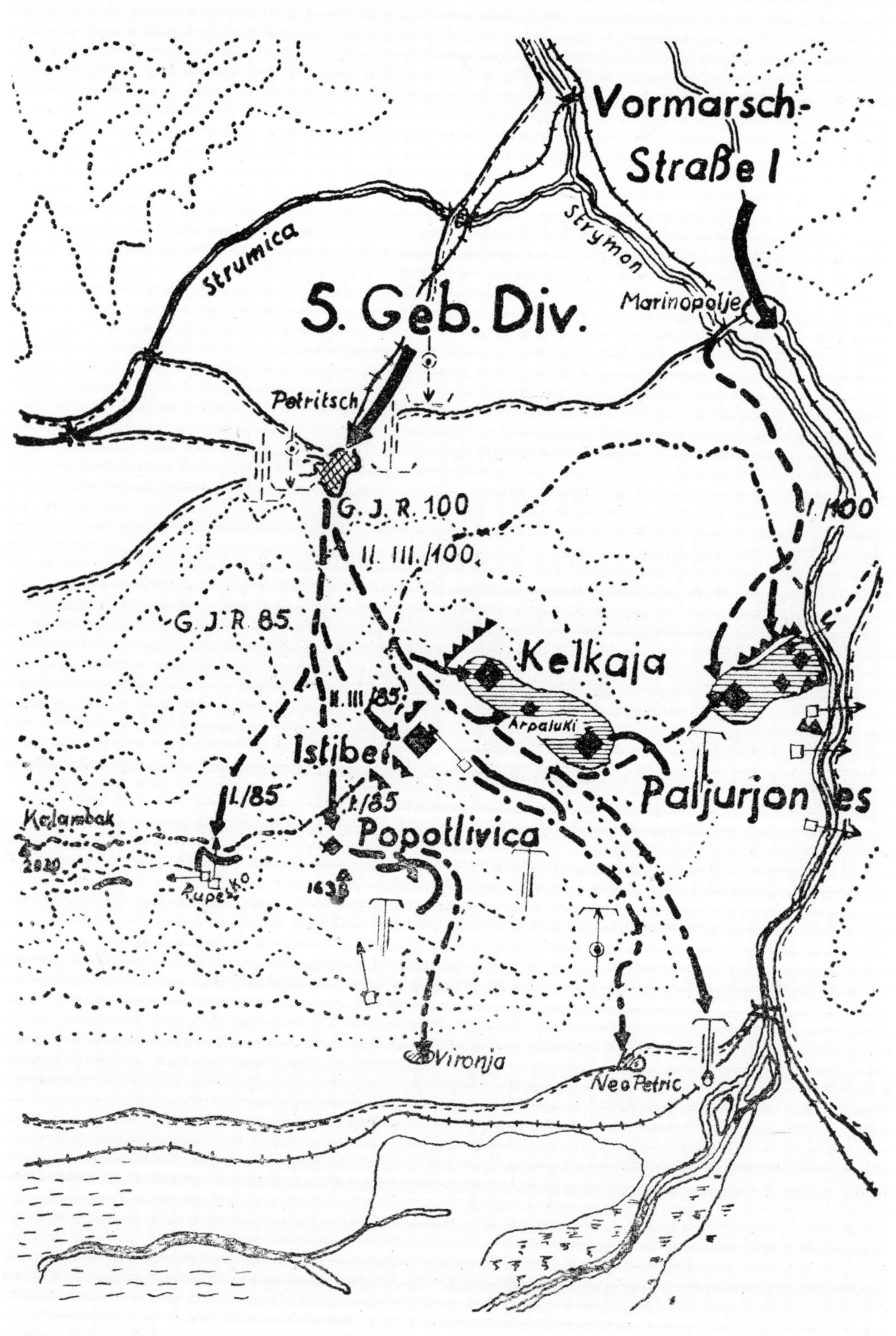

Eine Übersichtskarte zu den Truppenbewegungen der 5. Gebirgsdivision.

allen Kalibern die Landschaft regelrecht um. Doch damit allein wurde die Kampfbereitschaft der Festungswerke und ihrer Besatzungen nicht ausgeschaltet. So blieb für die Sturmtruppen von Anfang an nur noch die Möglichkeit, die zerlegbaren Gebirgsgeschütze zur individuellen Schartenbekämpfung auf kurze Distanz einzusetzen. Man sah einen durchschlagenden Erfolg überhaupt nur dann für gegeben, wenn das Risiko eines direkten Schartenbeschusses aus offener Feuerstellung erfolgen würde. Die Alternative, eine Schussabgabe aus verdeckter Stellung erzielte nach Meinung des Obersten Utz und seiner Gebirgsartilleristen eine weit geringere Wirkung.

Am 6. April 1941 sollte der Kampf der 5. Gebirgsdivision um Punkt 05.20 Uhr beginnen. Wie geplant wurde das Feuer aus offener Stellung auf die anvisierten Scharten und Blenden der „Metaxaslinie" eröffnet. Erst dann konnten die Gebirgspioniere und Gebirgsjäger erfolgreich vorgehen. Die Kampfgruppenführer waren mit ihren Sturmtruppen oft nur wenige hundert Meter von jenen Scharten getrennt, hinter denen der Gegner an seinen Maschinengewehren auf die Angreifer lauerte.

„Die Höhe 307.5 liegt etwa vierhundert Meter vor uns; eine, das ganze Gelände beherrschende Höhe", erinnerte sich der Oberfeldwebel Helmut Diebel von der 2. Kompanie des Gebirgsjägerregiments 100.

„Nicht nur das ganze Gelände vor uns ist von dort oben einzusehen, sondern bis weit hinunter ins Strumatal. Die Höhe ist gesichert durch mehrere starke Bunker. Weiter links von uns ist ein weiteres starkes Werk, dort greift die 1. Kompanie an. Deutlich ist jeder Bunker, jede Schießscharte zu erkennen. Schon während unseres Vorgehens gingen die ersten Stukaangriffe auf das Festungswerk nieder, aber irgendeine Zerstörung der Bunker ist nicht festzustellen. Die Drahthindernisse stehen unbeschädigt vor den Bunkern und Feldstellungen. Stuka, Artillerie und Flak haben noch rein gar nichts ausgerichtet. Nicht einmal die Sichtblenden und Tarnungen sind zerschossen. Von den Betonklötzen fehlt noch kein Eckchen. Das haben wir uns allerdings ganz anders vorgestellt und unsere Vorstellungen entstanden auf Grund der vielen Besprechungen. Danach sollten die schweren Waffen die Kampfanlagen zerstören und die Bunkerbesatzungen zur Aufgabe gezwungen werden. Nichts von all dem ist erreicht. General der Flieger von Richthofen sagte, wenn eine einzige 250- oder 500-kg-Bombe auf der Höhe da oben einschlägt, dass dann die Bunker aus ihren Fundamenten gerissen würden. Ein Hauptmann der Stukas sagte uns, wir sollten auf unsere Leute achten, dass herunterrollende Bunker sie nicht erschlägt. Herunterrollenden Bunkern mussten wir bisher nicht ausweichen, wohl aber den Maschinengewehrsalven aus den Bunkern.

Als wir die Fliegertücher auslegen, bekommen wir starkes Maschinengewehr-Feuer. Ein noch vollkommen intaktes, völlig unbeschädigtes Festungswerk von dieser Größe und Stärke nur mit Maschinengewehren, Gewehren, Pistolen, Handgranaten, geballten und gestreckten Landungen anzugreifen, ist doch heller Wahnsinn. Oberleutnant Schramm berät mit mir die Lage, entschließt sich dann einen erneuten starken Feuerüberfall von Stukas, Artillerie und Flak anzufordern und dann erst anzugreifen. Die Maschinengewehre in den Bunkern zwingen uns in Deckung. Mit Franz Spiegler krieche ich vor den Waldrand, um besser beobachten zu können. Bald haben wir die Scharte erkannt, die uns Dampf macht. Eine Maschinengewehrgarbe schlägt ganz knapp vor uns in den Dreck und zwingt uns, unsere Köpfe wegzunehmen. Dieser Gruß kam aber nicht von 307.5, sondern von Werk II, das links in unserer Flanke steht. Rasch verschwinden wir von diesem gefährlichen Platz. Wichtig ist aber die Beobachtung, dass die freie Fläche, die sich bis zum Hauptwerk hochzieht, sowohl von flankierendem, als auch von frontalem Feuer beherrscht wird. Es klappt da oben also alles prima!“[25]

Aus dem Gefechtsbericht des Gebirgsjägerregiments 100 erfahren wir nun, wie der Durchbruch durch die „Metaxaslinie“ unter dem Kommando des stets bescheiden auftretenden Obersten Willibald Utz und seiner Gebirgsjäger im Detail verlaufen ist:[26]

„Mit dem II. Bataillon rechts im Grunde des unwegsamen Jannutsitsatales an der Stelle des, wie es damals schien, geringsten feindlichen Widerstandes auf die Brücke selbst vorzustoßen.

Mit dem III. Bataillon die Befestigungswerke auf dem über Kelkaja zur Strumabrücke führenden Höhenzug anzugreifen und nacheinander aufzurollen.

Das I. Bataillon sollte zunächst zur Verfügung des Regiments hinter dem III. Bataillon folgen. Diese am 25. März abends an die Bataillons-Kommandeure als Vororientierung gegebene Absicht hatte an den folgenden Tagen eine intensive Aufklärungs- und Erkundungstätigkeit zur Folge. Es wurde in diesen Tagen zur Gewissheit, dass im Angriffsraum des Regiments, besonders in Gegend Kelkaja und Arpaluki, moderne Eisenbetonwerkanlagen mit unterirdischen Zugängen sich befinden und dass der ‚Fleckenberg‘ als vorgeschobene feindliche Stellung mit vier Schartenständen und Feldbefestigungen versehen ist. Die Wirklichkeit hat dann später diese Aufklärungsergebnisse an Zahl der Betonbunker und Stärke der Verteidigungsanlagen weit übertroffen. [...]

Nachdem der Istibei wenigstens äußerlich durch Gebirgsjägerregiment 85 besetzt war, stand die Masse der Artillerie der Division zur Verfügung. Der Einsatz aller Bunkerbekämpfungswaffen des Regiments unter Leitung von Hauptmann Pfeiffer, der überall selbst mit eingriff, war fast beendet. In kühnem Naheinsatz, unter Verlusten zwar, aber mit heldenhafter Kaltblütigkeit, standen bald alle Pak, Flak, leichte und schwere Infanteriegeschütze ihren Bunkern und Scharten gegenüber, fast in Höhe der vordersten Teile.

Gegen 12.00 Uhr zogen bei leichtem Südwind aus den Talhängen südwestlich Kelkaja dichte Rauchschwaden von brennendem Gras und Gehölz, welche teilweise

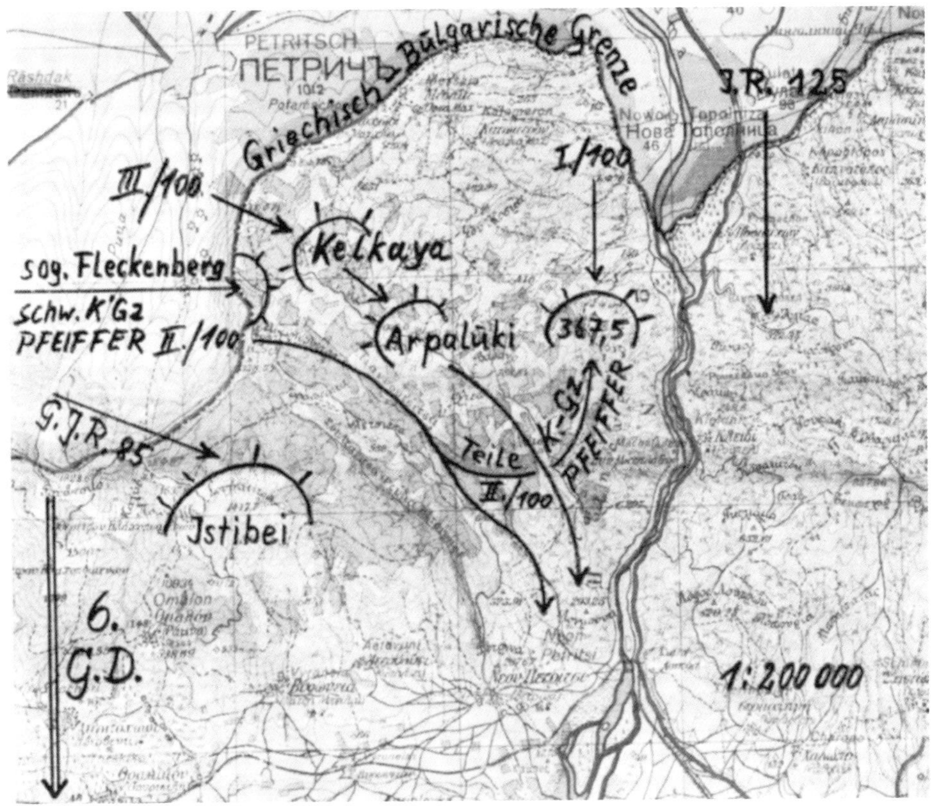

Auf dieser Karte sind Marschverläufe der Gebirgsjägerregimenter und militärische Knotenpunkte eingezeichnet.

den Feind in den Bunkern wie durch künstlichen Nebel blendeten. Unter Ausnutzung dieses Vorteils gelang es Teilen der 11. Kompanie unter Leutnant Herrmann an das Drahthindernis heranzukommen. Eine Gruppe unter Oberjäger Sandner erlistete sich den toten Winkel zwischen den beiden Scharten des vordersten Bunkers, schnitt sich durch zwei Drahthindernisse und kam über eine Minensperre an diesen Bunker heran. Ein Versuch der Sprengung der durch starke Stahlgitter gesicherten Scharten misslang zwar, aber der Weg zum ersten Bunker war gebahnt.

Es war ein entscheidender Entschluss des Kompaniechefs der 11. Kompanie unter Ausnutzung dieses Erfolges, sofort zum Angriff zu schreiten. Dank des ausgezeichneten Zusammenarbeitens der Angriffstruppe mit den unterstützenden eigenen Waffen und insbesondere der Artillerie glückte es, das eigene Artilleriefeuer in idealer Weise in Einklang mit dem Fortschreiten des Angriffs zu bringen. Durch persönlichen Einsatz von Oberleutnant Gaum kam bei ausgezeichnetem Feuerschutz der Angriff in Fluss. Es gelang, an den ersten Bunker heranzukommen und unter Sicherung dieses Bunkers stürmten die vordersten Teile hinter Bunker 2 vorbei auf Bunker 3 vor. Leutnant Herrmann und Leutnant Bündl kamen dabei mit Stoßtrupps der 11. Kompanie bis zum Bunker 11, der später als Haupteingang festgestellt wurde, wurden aber dort zusammengeschossen (Leutnant Bründl tot, Leutnant Herrmann verwundet). Trotz heftiger feindlicher Gegenwehr ging es vorwärts, Bunker 4 wurde durch einen Zug der 13. Kompanie genommen.

Noch einmal kam es infolge der starken Verluste und infolge eines Infanteriegeschütz-Feuerüberfalls aus dem angeblich genommenen Istibei-Werk zu einer Krise, die die Angreifer zu Boden zwang. Doch sie wurde durch Oberleutnant Gaum gemeistert, der die vom Bataillonskommandeur zur Unterstützung gesandten Züge persönlich zum Gipfelbunker führte und zur Wegnahme der Bunker 5, 6 und 7 einsetzte. Unter Ausnützung des eigenen schweren Infanteriegeschützfeuers bis zur letzten Möglichkeit und unter Ausnützung der Rauchschwaden des immer noch brennenden Gehölzes gelang die Bezwingung des Gipfelbunkers. Nun gab es kein Halten mehr. Ein Bunker nach dem anderen in Reihenfolge 8, 5, 6, 7, 9 und 11 wurde im Nahkampf außer Gefecht gesetzt, von außen verdämmt und gesichert. Manch tapferer Jäger gab im Kampf sein Leben, viele wurden verwundet. Fast alle Teile des Bataillons waren daran beteiligt.

Etwa um 14.00 Uhr des 6. Aprils sind die Werkgruppe Kelkaja sicher im eigenen Besitz und der dortige Gegner in die Tiefe seiner Kavernen gezwungen. Das III. Bataillon, dessen Kommandeur, Oberstleutnant Ehall, seinen Gefechtsstand an das Werk selbst vorverlegte, hatte als Sieger doch noch schwere Stunden bis zum Abend zu überstehen. Denn nun konzentrierte die feindliche Artillerie, wie sie es ja auch am Istibei machte, ihr Feuer auf die eigenen Bunker, die aber für die dort liegenden feindlichen Jäger keinen Schutz boten, da sie nicht hinein konnten. Auch das Heranschaffen der schweren Waffen für den Kampf um das nördliche Zwischenwerk (Gaumkopf) und das Vorgehen der Aufklärungsstoßtrupps in Richtung Gaumkopf, sowie das Vorbauen der Artillerie- usw. Beobachtungsstellen litt darunter und ebenso unter dem starken andauernden Maschinengewehrfeuer aus dem noch feindbesetzten Istibeiwerk.

Der Regimentskommandeur ordnete für die Nacht die Sicherung der erreichten Linie durch III. Bataillon/Gebirgsjägerregiment 100, die Sicherung der rechten Flanke vom ‚Fleckenberg' bis Nähe Kelkaja durch II. Bataillon/Gebirgsjägerregiment 100 an und stellte das Artilleriesperrfeuer hierfür sicher. Die Fortsetzung des Angriffs am 7. April wurde mit beiden Bataillonskommandeuren am Regimentsgefechtsstand besprochen. Nach fernmündlich gegebener Weisung des Divisionskommandeurs sollte der Angriffsbeginn von der Säuberung des Istibei und Aspri Petra durch Gebirgsjägerregiment 85 abhängig gemacht werden. Für alle Fälle befahl der Regimentskommandeur die Fertigstellung der Bereitstellung zur Fortsetzung des Angriffs auf 09.00 Uhr. Das vorbereitende Artilleriefeuer sollte um 08.00 Uhr beginnen. Als Verstärkung wurde die 7. Kompanie, verstärkt durch einen Maschinengewehrhalbzug und einen Pionierstoßtrupp, 1. Kompanie/Gebirgspionierbataillon 95, dem III. Bataillon für die Fortführung des Angriffs unterstellt.

Während der Nacht vom 6. auf den 7. April hatte sich beim Gegner nichts geändert. Vom Istibei schoss dem Regiment immer noch ein Bunker des Aspri Petra in die Flanke, vom Arpaluki her dauerten die Feuerüberfälle auf das Kelkajawerk unvermindert fort und in den Kavernen tief unter den Bunkern saß immer noch die eingeschlossene Besatzung. Das einzige, was sich geändert hatte, war das Wetter. Der Morgen beginnt mit langsam zunehmendem Regen und zeitweisem Nebel. Dieser war aber entscheidend für den Entschluss des Regimentskommandeurs, trotz feindbesetzter Flanke um 09.00 Uhr den Angriff fortzusetzen.

Da war es ein Pionierunteroffizier der 1. Kompanie/Gebirgspionierbataillon 95, der den Haupteingang zum Werk entdeckte, und es war Hauptmann Pfeiffer, der einen Ausfallversuch mit einem Pionierstoßtrupp abwies und den eingeschlossenen Gegner mit geballten Ladungen und eingeworfenen Nebelkerzen zur Übergabe zwang. Außer vielen Verwundeten und Toten, die erst später herausgeschafft wurden, kamen um etwa 07.45 Uhr 160 Griechen verstört und in der Meinung, gasvergiftet zu sein, ans Tageslicht.

Kaum war deren Gefangennahme erledigt, setzte Hauptmann Pfeiffer als der älteste gerade anwesende Offizier den Pionierstoßtrupp der 1. Kompanie/Gebirgspionierbataillon 95 und die 12. Kompanie zur Wegnahme von drei etwas gegen den Gaumkopf zu abgesetzten Bunkern an. Diese hatten ihre Scharten nach der abgewandten Seite (Süden) und waren daher bereits um 08.00 Uhr in eigener Hand. Vierzig Gefangene wurden abgeführt.

Da fast gleichzeitig die Werkartillerie des Gaumkopfes (ein Schnellfeuergeschütz) durch einen schweren Infanteriegeschütz-Volltreffer vernichtet wurde, waren plötzlich die Vorbedingungen für den sofortigen Angriff so günstig wie bisher noch nicht. Hauptmann Pfeiffer, der dies erkannte, brachte durch persönliche Einwirkung auf eigene Verantwortung alles, was er von eigenen Kräften in der Nähe wusste, in Bewegung nach vorn. Zunächst seine eigenen schweren Waffen, dann die Aufklärung, dann die 7. Kompanie rechts des Rückens, schließlich die 12. Kompanie links gestaffelt. Immer stärkerer Regen deckte gnädig die Bewegungen vor den Augen eines wachsamen Feindes. Bataillons- und Regimentskommandeur, rasch von der Lage verständigt, billigten hocherfreut die Maßnahmen Pfeiffers und stoppten das bereits angelaufene Artilleriefeuer auf den ‚Gaumkopf' infolge des engen Zusammenarbeitens mit Artilleriekommandeur (Arko) in erstaunlich kurzer Zeit.

Während die schweren Nahkampfwaffen trotz des Regens die Bunker am ‚Gaumkopf' niederhielten, konnte der Sattel zwischen Kelkaja und ‚Gaumkopf' überschritten und der jenseitige leichte Rücken genommen werden. Um 11.30 Uhr hatte die 7. Kompanie nach rechts ausholend den Südteil des bewaldeten Vorberges vom

Ein zusammengeschossener Bunker.

‚Gaumkopf', die 12. Kompanie nach vergeblichem frontalen Angriff wenigstens die Höhenrippe gegenüber dem Fuß des ‚Gaumkopfes' erreicht und blieb dort unter schwerem Feindfeuer liegen.

Das nun notwendig werdende Nachziehen der schweren Bunkerbekämpfungswaffen nahm viel Zeit in Anspruch, zumal die dafür benötigten Wege vom Gegner stark vermint waren und zuerst von den Pionieren gesäubert werden mussten. Um 14.45 Uhr aber war es soweit, dass lückenlos das Feuer auf die Bunkerscharten prasselte und das Hauptwerk des Arpaluki unter dem wiederum zusammengefassten Feuer der gesamten Artillerie bebte. Unter den Augen des Regimentskommandeurs, der mit seinem Ordonnanzoffizier über Kelkaja nach vorne geeilt war, vollzog sich der Schlussakt des Angriffs von 14.45–15.15 Uhr auf den ‚Gaumkopf'. Die Scharten wurden eine nach der anderen gesprengt und mit Nebelkerzen unter Verdämmung ausgeräuchert. Am Eingangsbunker am Gipfel des Berges wurde der Kommandant mit Begleitung auf der Flucht erschossen, die sichtbar erschütterte Besatzung ergab sich in Stärke von einem Offizier, einem Sanitätsoffizier und hundert Mann."

Hauptmann Franz Pfeiffer wurde am 13. Juni 1941 als Chef der 15. Kompanie des Gebirgsjägerregiments 100 mit dem Ritterkreuz zum Eisernen Kreuz mit der folgenden Begründung ausgezeichnet: „Bei dem Angriff auf den Festungsberg mit stärksten Bunkern und unterirdischen Anlagen ausgebauten Eckpfeilern der griechischen Rupelpassstellung war Hauptmann Pfeiffer als Führer der schweren Bunkerbekämpfungswachen eingeteilt. Er hat seine Waffen in wirksamster Schussentfernung ungeachtet des feindlichen Maschinengewehrfeuers vorgebracht und eingewiesen, dann in einer geradezu idealen Weise die Bunker, auf die die Artillerie sonst keine Wirkung hatte, zum Schweigen gebracht. [...] Die Schlüsselstellung zum Angriff auf das Hauptwerk Arpaluki war damit in eigener Hand, damit die Möglichkeit, das Werk an der schwersten Stelle zu fassen."[27]

Hans Sandner wurde ebenfalls am 13. Juni 1941 als Oberjäger und Gruppenführer in der 11. Kompanie des Gebirgsjägerregiments 100 mit dem Ritterkreuz zum Eisernen Kreuz ausgezeichnet. Der Armeebefehl des Generalfeldmarschalls Wilhelm List vom 17. Mai 1941 lautete:

„Oberjäger Hans Sandner [...] hat am 6. April 1941 beim Angriff auf die Werkgruppe Kelkaja aus eigenem Entschluss und mit beispielloser Tapferkeit im größten Abwehrfeuer den Angriffsweg durch die Draht- und Minensperren gebahnt und damit eine der wichtigsten Voraussetzungen für die siegreiche Wegnahme des Werkes geschaffen. Ich spreche Oberjäger Hans Sandner für sein tapferes Verhalten meine besondere Anerkennung aus."

Über den Durchbruch durch die griechischen Festungswerke der „Metaxaslinie" erschienen einige aufschlussreiche PK-Berichte, die von den versierten Reportern der Propagandakompanien aus dem Kampfgeschehen heraus abgefasst wurden. Sie waren dazu gedacht, die Leistungen der Truppe besonders herauszustellen und den Angehörigen in der Heimat von den Heldentaten ihrer Männer zu berichten. Dass sie ganz im Stile der damaligen Zeit abgefasst waren, soll uns, die wir auch zwischen den Zeilen zu lesen vermögen, an dieser Stelle nicht stören.

So erschien unter anderem im „Reichenhaller Tagblatt" am 14. April 1941 für die Bevölkerung der Salinenstadt vom Kriegsberichter Ernst Erich Straßl ein Artikel über den Kampfeinsatz ihrer Gebirgsjäger um die griechischen Festungswerke (siehe nächste Seite).

Durch Regen, Schlamm und Nebel

Gebirgsjäger kämpften sich durch die griechischen Festungswerke

dnb. PK., 14. April

Seit drei Tagen sind die deutschen Truppen auf griechischem Boden. Schwerpunkt einer Angriffstruppe ist die Niederkämpfung der Bunker- und Bergstellungen ost- und westwärts der **Struma**, die den Strumadurchbruch der deutschen Truppen verhindern soll. Die Operationen des ersten Tages waren von schönstem Sonnenschein begünstigt, der eine ausgezeichnete Fernsicht und einwandfreie Beobachtung erlaubte, wenn auch die marschierenden Truppen durch die starke Hitze und für die Heimat unvorstellbaren Staubmengen auf den nicht befestigten Straßen sehr zu leiden hatten.

In der Nacht zum zweiten Kampftag fiel das Barometer rapide. Es wurde sehr kalt und seit dieser Zeit regnet es fast ohne Unterbrechung. Führung und Truppe werden von diesem Wettersturz in gleicher Weise getroffen. Am schlimmsten wirkte sich die Schlechtwetterperiode auf den Straßen aus. Unsere Truppen, die zumeist von Rumänien zu Fuß ganz Bulgarien durchquerten, haben schon einige Erfahrungen in Balkanstraßenverhältnissen gemacht. Immerhin ging es in Bulgarien noch ganz leidlich. Was sie jetzt aber auf griechischem Boden erleben, das läßt selbst die Schilderungen der polnischen Feldzugsteilnehmer verblassen.

Die dicke Staubschicht hat sich gleich am ersten Regentage in einen schlammigen Brei verwandelt, die nächsten Tage haben den unbefestigten Untergrund aufgelöst und heute findet man an Stelle der Straße ein 60 bis 90 cm tiefes **Schlammbad** vor. In unabsehbarer Folge ziehen die Kolonnen der Tragtiere aus dem Tal von den Munitionsplätzen und Heeresverpflegungslagern über die Paßstraßen auf die Höhe.

Mit ein wenig Dankbarkeit sieht man diesen langen Transporten nach, die Tag und Nacht ohne Stillstand im feindlichen Granatenregen durchgeführt werden. Die schweren Zugmaschinen aber, diese gigantischen motorisierten Kolosse, kennen keine Wegschwierigkeiten. Ihre Raupenketten fressen sich in den Schlamm ein und bezwingen jede Steigung, gleich, ob sie schwere Feldhaubitzen oder ein Flakgeschütz, hochbeladene Protzen und liegengebliebene Kraftwagen nach oben zieken.

Und die Mannschaften? Wenn man später einmal bewundernd von den Eilmärschen unserer Soldaten in Polen und Frankreich sprechen wird, dann werden sich die Gebirgsüberquerungen in Griechenland würdig anreihen. Seit drei Tagen und drei Nächten marschieren die Regimenter unserer Gebirgsdivisionen. Sie haben keinen trockenen Fetzen am Leibe, vom Kopf bis zu den Stiefeln starren sie von Dreck, die Augen sind entzündet, seit Tagen haben sie nicht geschlafen und kein warmes Essen gehabt, sie können kein Biwak aufschlagen, weil die Zelte in der Nässe fortschwimmen würden.

Und sie marschieren nicht nur, sie kämpfen! Sie haben in diesen drei Tagen ein Befestigungssystem niedergerungen, das in seinen Werkgruppen **alle Vergleiche mit der Maginotlinie aushält**. Man hat zunächst diese Vergleiche als übertrieben abgelehnt. Aber heute, da man das Innere der Festungswerke und ihre Widerstandskraft kennengelernt hat, weiß man, daß sehr viel Wahres daran ist.

In diesen vier Tagen ist eine Armee buchstäblich **durch Regen, Schlamm und Nebel gewatet**. Ob Offiziere oder Jäger jeder hat die gleichen Unbilden zu ertragen. Diese Gemeinsamkeit des Lebens schweißt die Führung und Männer immer wieder aufs neue zusammen. Wenn man prüfenden Blickes die endlosen Kolonnen an sich vorüberziehen läßt, kommt einem immer wieder die beglückende Erkenntnis: Was sind das für wundervolle Soldaten!

Sie schimpfen zwar nicht schlecht über den Dreck, die ewigen Steigungen und das ganze „Gelumpe" — so ein richtiger bayerischer Fluch verfolgt einen um drei Ecken herum —, aber wenn sie gerufen werden, wenn die Stunde des Einsatzes ihre Bewährung fordert, dann sind sie da, sind Müdigkeit und Erschöpfung wie weggeblasen, dann kämpfen und siegen sie!

Und auch nach dem Siege kennen sie keine Ruhe. **Sie bleiben dem Gegner auf den Fersen**, treffen ihn von neuem, wo er sich wieder festsetzen kann und helfen mit vielen kleinen Entscheidungen den Endsieg vorbereiten. Es sind schon wundervolle Soldaten!

Kein Zweifel, der Gegner ist hartnäckig, er ist zäh, er sitzt in phantastisch ausgebauten Bergfestungen und verteidigt jeden Fußbreit Boden, er hat die Landschaft und die schlechte Witterung zum Verbündeten, aber dennoch haben sie ihn geschlagen, haben seine Werke gestürmt, den Befestigungsgürtel durchstoßen und streben in kühnem Vorwärtsdrängen der Ebene, der Struma-Niederung, zu.

Das ist eine Leistung, die sich den kühnsten Waffentaten des Weltkrieges würdig anreiht. Griechische Gefangene, denen das Grauen über die Angriffe noch in den Augen steht, erzählen immer wieder, daß es auf griechischer Seite für vollkommen aussichtslos gehalten wurde, daß diese Befestigungen jemals überwunden werden könnten. Und sie sind **in drei Tagen gefallen!**

Der Artikel über den Kampfeinsatz der Gebirgsjäger um die griechischen Festungswerke im „Reichenhaller Tagblatt" aus dem Jahre 1941.

Vom griechischen Götterberg Olymp nach Athen

Aufgrund des schwungvoll vorgetragenen Angriffs kapitulierten nach und nach die ihrer zentralen Führung beraubten Teilwerke der „Metaxaslinie". Nach dem Durchbruch ergossen sich die deutschen Truppen von allen Seiten vom Norden Griechenlands auf staubigen Straßen südwärts. Inmitten dieses Raids befand sich auch die 5. Gebirgsdivision mit dem Gebirgsjägerregiment 100 unter Oberst Utz und dem Oberfeldwebel Burghartswieser.

Britische, insbesondere jedoch neuseeländische Einheiten versuchten immer wieder, den deutschen Vormarsch zu stoppen; so am Fuße des Götterberges Olymp und an den geschichtsträchtigen Thermopylen. Jedoch ohne Erfolg, obwohl ihnen der Wettergott zur Seite stand, denn die mediterrane Sonne brannte erbarmungslos auf die geschundenen „Blumenteufel" herunter, die ihre schwere Berguniform trugen, die zwar für einen Einsatz im rauen Hochgebirge optimal, aber für das Klima des Mittelmeeres alles andere als zweckmäßig war.

Auf dem historischen Schlachtfeld der Thermopylen wurden die britischen Landungskräfte unter einer wesentlichen Mithilfe der deutschen Gebirgsverbände erneut geworfen und schließlich zum Verlassen des griechischen Festlandes gezwungen. Diese Schlüsselstellung ist somit nicht, wie vielfach falsch gemeldet wurde, durch die 1. Kompanie des Panzerregiments 31 zu Fall gebracht worden.

„Der Erfolg ist das ausschließliche Verdienst der Vorausabteilung der 72. Infanteriedivision", konstatierte der Tiroler Militärschriftsteller Karl Ruef, „von der wiederum die 11. Kompanie/Infanterieregiment 124 sowie die Reiterschwadron 112 der unterstellten Aufklärungsabteilung der 6. Gebirgsdivision unter ihren Führern Leutnant Niemann, Leutnant Glienicke sowie Oberleutnant Limbert hervorragenden Anteil haben."[28]

Am 25. April 1941 berichteten die „Innsbrucker Nachrichten": „In Griechenland wurde der Thermopylenpass durch umfassenden Angriff genommen, der Feind damit aus einer besonders starken und seit langem ausgebauten Verteidigungsstellung geworfen. An diesem Erfolg haben wieder Gebirgstruppen hervorragenden Anteil."[29]

Rund 1.500 Kilometer legte Oberst Utz mit dem Gebirgsjägerregiment 100 unter dem XVIII. Gebirgsarmeekorps des General Franz Böhme in schweißtreibendem Fußmarsch während des Balkanfeldzuges zurück, angefangen von Rumänien über Bulgarien und Zentralgriechenland bis hinunter auf den Peloponnes.

Am 26. April 1941 erreichte er den Stadtrand von Athen. Tags darauf zog er mit seinen Gebirgsjägern Richtung Akropolis, wo die Gebirgssoldaten unter Oberstleutnant Eisnitz die deutsche Reichskriegsflagge auf den klassischen Ruinen hissten, was „einen starken Eindruck auf den Führer [...] machte."[30]

Nach Beendigung des Griechenlandfeldzuges berichtete das Oberkommando der Wehrmacht am 2. Mai 1941: „In Griechenland haben die Verbände des deutschen Heeres die Besetzung des Peloponnes beendet. Auf dem griechischen Festland befindet sich kein kämpfender Brite mehr. In den Südhäfen des Peloponnes wurden die Reste der fliehenden Briten gestellt, bevor sie auf die Schiffe gehen konnten, und gefangengenommen. Die Zahl der britischen Gefangenen erhöhte sich hierbei auf 8.200 Mann. [...]"[31]

Dem 14. Mai 1941 fieberte Oberst Willibald Utz mit seinen Gebirgsjägern voller Ungeduld entgegen. An diesem denkwürdigen Tag waren die Straßen Athens mit Hakenkreuzfahnen übersät. Vor dem königlichen Schloss waren Ehrenformationen aufmarschiert. Es war der Tag der Siegesparade mit einer Ehrenkompanie des Gebirgsjägerregiments 100. An der Spitze aller deutschen und italienischen Marschblöcke marschierte jedoch nicht die 5. sondern die 6. Gebirgsdivision an Generalfeldmarschall Wilhelm List vorbei, der seinen Marschallstab zum Zeichen des Grußes mit der rechten Hand in die Höhe streckte. An seiner linken Seite stand General Ferdinand Schörner als Stadtkommandant und „Sieger von Athen".[32]

Ritterkreuzträger
Maximilian Burghartswieser.

General Julius Ringel, der Schöpfer und langjährige Kommandeur der 5. Gebirgsdivision.

Oberst Willibald Utz als Kommandeur des Reichenhaller Gebirgsjägerregiments 100. Er führte das Regiment während des Einsatzes auf Kreta.

Ausbildung der neu aufgestellten 5. Gebirgsdivision in den Seetaler Alpen.

Kretakämpfer und Ritterkreuzträger Hans Sandner.

Kretakämpfer und Ritterkreuzträger Franz Pfeiffer.

Blick auf den Istibei, den Festungsberg der griechischen „Metaxaslinie",
am 6. April 1941.

Ein zerstörter griechischer Bunker
der „Metaxaslinie".

Der Marsch des Gebirgsjägerregiments 100
während des Griechenlandfeldzuges von Petitsch zum Petrohanpass.

Historische Aufnahme der mittelgriechischen Stadt Lamia
mit dem Thermopylenpass.

Der Vormarsch der Gebirgsjäger während des Griechenlandfeldzuges führt den schneebedeckten Gebirgszügen des Belasizagebirges entgegen.

Gebirgsartilleristen mit Zugmaschine und einer angehängten leichten 10,5-cm-Feldhaubitze auf dem Vormarsch.

Ostwärts von Kalipefhi am Olymp
geht es über felsiges Gelände vorwärts.

Der Marsch durch das Gebirge des Olymp
ist für die Soldaten sehr beschwerlich.

Soldaten beim Innehalten vor Kameradengräbern südlich von Athen.

Die deutsche Siegesparade führte vorbei am heutigen griechischen Parlamentsgebäude.

Der Ritterkreuzträger
Maximilian Burghartswieser.

Motorsegler stehen für den bevorstehenden Einsatz der Reichenhaller Gebirgsjäger auf der Mittelmeerinsel Kreta bereit.

Ein griechischer Motorsegler vor der Überfahrt nach Kreta 1941.

Gebirgsjäger werden für ihren Einsatz auf Kreta verladen.

Mit der „leichten Schiffsstaffel“ auf der verhängnisvollen Überfahrt nach Kreta.

Nach dem Verlust der „leichten Schiffsstaffel" stehen Gebirgsjäger auf dem Flugplatz bereit zum Abflug nach Kreta.

Transport des Führungsstabes der 5. Gebirgsdivision am 22. Mai 1941 nach Kreta.

Das Foto zeigt zu Bruch gegangene Maschinen auf dem Flugplatz von Maleme.

Da der Flugplatz von Maleme noch lange Zeit unter Beschuss der britischen Artillerie lag, waren die Verluste an Soldaten, Transportmaschinen, Waffen und Munition bei der Landung erheblich.

Drei Gebirgsjäger nach der Luftlandung auf der griechischen Mittelmeerinsel Kreta.

Nach der Landung auf der griechischen Mittelmeerinsel Kreta versuchen vier Gebirgsjäger ein Geschütz in Deckung zu bringen, da der Flugplatz noch immer unter schwerem englischen Artilleriefeuer lag.

Eine Zeichnung von Gebirgsjägern vor ihrem Kampfeinsatz auf Kreta.

Gebirgsjäger des II. Bataillons des Gebirgsjägerregiments 100 vor ihrem Angriff auf Galatas.

Eine MG-Stellung der Gebirgsjäger im Vorfeld von Chania.

Soldaten gedenken ihrer gefallenen Kameraden.

Der Divisionskommandeur General Ringel und der Regimentskommandeur Willibald Utz zeichnen besonders tapfere Gebirgsjäger nach Beendigung der Kampfhandlungen auf Kreta aus.

General Julius Ringel zeichnet die Tapfersten der Tapferen nach den verlustreichen Kämpfen um Kreta aus.

Die Reichenhaller Gebirgsjäger erobern Kreta

Mit der Kapitulation der griechischen Armee kehrte zunächst eine gewisse Ruhe ein. Die 5. Gebirgsdivision hatte sich diese auch mehr als verdient und verteilte sich jetzt über die griechischen Landschaften Euböa, Böotien und Attika. Das waren allesamt klassische Namen, die vielen Offizieren noch aus ihrer Gymnasialzeit in lebhafter Erinnerung haften geblieben waren. Doch die scheinbare Ruhe war trügerisch, denn schon liefen die Vorbereitungen für das Unternehmen „Merkur" an. Dahinter verbarg sich die Eroberung der Mittelmeerinsel Kreta, wohin sich die geschlagenen Briten und Neuseeländer sowie – trotz der Kapitulation – auch kampfbereite Griechen mit ihrem König zurückgezogen hatten.

Im Unternehmen „Merkur" eroberten deutsche Gebirgsjäger die griechische Insel Kreta, die bis 1945 besetzt blieb.

Dieses Luftlandeunternehmen gegen die Insel des Minotaurus griff auch in den militärischen Alltag des Ritterkreuzträgers Hans Sandner ein. Zunächst einmal war für die für ein solches Unternehmen geeignete 22. Luftlandedivision bereits für den Aufmarsch zum bevorstehenden Russlandfeldzug fest eingeplant und stand daher für eine Luftlandung auf Kreta nicht zur Verfügung. Ihre Aufgabe – und damit die Unterstützung und Ergänzung von Einheiten der Fallschirmjäger – fiel nunmehr der 5. Gebirgsdivision zu, die jedoch für eine Luftoperation in keiner Weise ausgebildet war. Andererseits war nicht zu verkennen, dass den Gebirgstruppen mit ihren zerlegbaren Gebirgsgeschützen eine erhöhte Bedeutung während des Einsatzes im unwegsamen Berggelände der Mittelmeerinsel zukam.

Dann war es endlich soweit. Die Nervenanspannung war zum Zerreißen, als am 20. Mai 1941 deutsche Fallschirmjäger über Kreta absprangen. Der Kampf um die

Mittelmeerinsel begann. Sehr schnell zeigte sich, dass mit einem Seetransport schwerer Waffen nicht gerechnet werden konnte und dass für die Landungen nur der kleine Flugplatz von Maleme zur Verfügung stehen wird. Dort landeten am Nachmittag des 21. Mai dann auch die ersten Gebirgsjäger der 5. Gebirgsdivision zur Unterstützung der zwischenzeitlich hart bedrängten Fallschirmjäger.

„Auch für uns gibt es nur einen Befehl", heißt es im Erinnerungsbuch der 12. Armee. „Die Insel muss genommen werden. Diese und ähnliche Gedanken gehen uns blitzschnell durch den Kopf, während wir schon über das schmale Kiesband am Meer rennen, um aus dem feindlichen Feuer herauszukommen. [...] Langsam und vorsichtig rollen die ersten Beutefahrzeuge mit verwundeten Fallschirmjägern und Gebirgsjägern an uns vorbei zu den Verbandsplätzen."[33]

Währenddessen rollte über See ein Unternehmen an, das dem Bad Reichenhaller Gebirgsjägerregiment 100 zum Verhängnis werden sollte. Es war nicht nur eine „verrückte" Fahrt, unverantwortlich und im Ergebnis entsprechend verlustreich. Nein, „es war", so der spätere Präsident des Sozialverbandes VdK Deutschland e.V. und Staatssekretär Karl Weishäupl, „eine Tragödie und ein Verbrechen der damaligen militärischen Führung in Bezug auf den Einsatz dieser Truppe."[34] Denn der Versuch, mit kleinen Motorseglern am 21. Mai weitere deutsche Verstärkungen nach Kreta zu bringen, misslang. Etwa sechzig solcher Fischkutter, die reinsten „Seelenverkäufer", wurden bei diesem Argonautenzug als „Leichte Schiffsstaffel" eingesetzt, um die Reichenhaller Gebirgsjäger über das Mittelmeer auf die Insel zu transportieren.

Planmäßig waren die beiden leichten Schiffsstaffeln bei Morgengrauen ausgelaufen. Die erste unter Oberstleutnant Ehall mit dem verstärkten III. Bataillon des Gebirgsjägerregiments 100 von Piräus, die zweite unter Major Dr. Treeck mit dem verstärkten Bataillon des Gebirgsjägerregiments 85 von Chalkis (Chalkida). „Die braven Jäger auf ihren Holzkähnen gerieten nachts in die Scheinwerfer der englischen Kreuzer und wurden hilflos zusammengeschossen, sodass etwa dreihundert von ihnen mit dem guten Ehall gefallen und ertrunken sind! Nur fünfzehn Mann war es gelungen, in einem Schlauchboot Kreta zu erreichen [...]".[35]

Dass die deutsche Luftwaffe Vergeltung übte, indem sie schwere Vernichtungsaktionen gegen die britische Mittelmeerflotte führte, war für den Kommandeur des Gebirgsjägerregiments 100 jedoch nur ein schwacher Trost, nachdem sein III. Gebirgsjägerbataillon auf den griechischen Küstenseglern durch britische Kriegsschiffe versenkt worden war. Trotz eines massiven und verlustreichen Abwehrfeuers gingen die Landungen auf Kreta weiter.

Aufgrund des beschränkten Buchumfanges ist es nicht möglich, alle Details des wagemutigen Unternehmens „Merkur" auf der Mittelmeerinsel zu schildern. Die Luftlandeoperation bestand zunächst darin, längs der Nordküste Kretas Boden zu gewinnen. Das versuchten die Briten und Neuseeländer immer wieder durch das Anlegen von Riegelstellungen zu verhindern. Für die zahlenmäßig unterlegenen Deutschen wurde die Forderung nach einer Unterstützung durch schwere Waffen im Aufbrechen derartiger Sperrriegel immer dringender. Eine der schlachtentscheidenden Brennpunkte des Kampfes um Kreta sollte dabei Galatas (Kalathas) werden. Nach einem Stukaangriff setzte mit den wenigen Gebirgsgeschützen dort ein Wirkungsschießen auf erkannte Ziele ein.

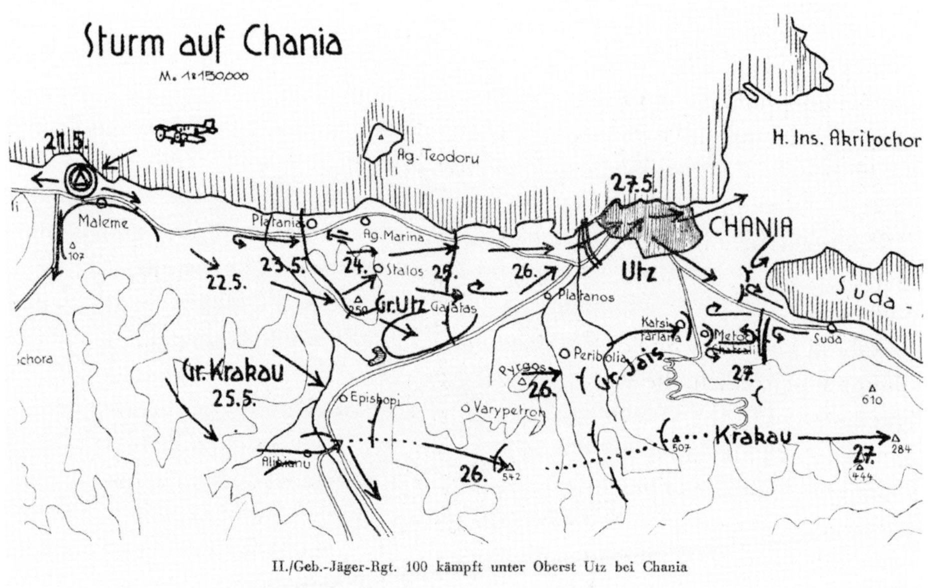

II./Geb.-Jäger-Rgt. 100 kämpft unter Oberst Utz bei Chania

Am 27. Mai 1941 wurde Chania von deutschen Truppen besetzt.

„Die Landungen weiterer Einheiten meiner Division gehen pausenlos weiter", berichtet General Julius Ringel im Gedenkbuch der 5. Gebirgsdivision, „obgleich auch das Rollfeld von Maleme beschossen wird und die Überreste zu Bruch gegangener Flugzeuge sich häufen. Sie trotz dem Staub und der immer rascher hintereinander einschwebenden und ausrollenden Jus, ihres Startens und der vielen Menschen auf dem Flugplatz immer wieder zu beseitigen ist das Verdienst des Majors Snowadski vom Stab Student und seiner Leute. Sie haben einen englischen Beutepanzer in Betrieb genommen, der auch den widerspenstigsten Blechhaufen hinter sich herschleppt. Bordmannschaften sind sogar bemüht, durch Austausch verschiedener Bestandteile havarierter Maschinen einzelne davon wieder flugfähig zu machen.

Um Mittag ist das I. Bataillon/Gebirgsjägerregiment 85 vollzählig. Es wird dem Kommandeur der 100er, Oberst Utz, unterstellt und sofort gegen Süden in Marsch gesetzt, um die weithin beherrschende Höhe 259, zweieinhalb Kilometer südlich von Agia Marina, in Besitz zu nehmen und so in weitem Bogen nach Osten ausholend, dem Feind vor dem Dorf Maleme und weiter ostwärts davon in den Rücken zu fallen. Damit wäre auch die englische Batterie bei Modion, die das Rollfeld noch immer unter Feuer hält, endgültig ausgeschaltet.

Bis 14.00 Uhr ist auch das I. Bataillon der 100er gelandet und marschiert hinter dem I. Bataillon/Gebirgsjägerregiment 85 gegen Süden her. Es führt eine geländegängig motorisierte Batterie der Fallschirmjäger mit und stellt dadurch eine bedeutende Kampfkraft dar.

Gegen Abend trifft noch das Gebirgspionierbataillon 95 sowie Fallschirmjäger- und Gebirgsartillerie ein. Oberst Utz lässt die 7. Kompanie und die Fallschirmjäger im Dorf Maleme durch die Pioniere ablösen und zieht sie mit den anderen Kompanien des II. Bataillons/Gebirgsjägerregiment 100 zusammen, sodass er jetzt eine entsprechende Reserve für den kommenden Tag in der Hand hat. Denn an diesem 23. Mai sollten jene Operationen beginnen, die im Verlauf einer weiteren Woche das ‚Unternehmen Merkur' aus einem fragwürdigen Abenteuer zum vollkommenen Sieg heranreifen ließen. [...]

Oberst Utz, der schneidige Kommandeur des Gebirgsjägerregimentes 100, übernimmt es persönlich, die Verbindung mit der Gruppe Heidrich herzustellen. An der Spitze einer kleinen Kolonne von drei Beiwagenkrafträdern fährt er nach der Befehlsausgabe in Padalari mit seinem Stab dem Regiment voraus gegen Osten. Dort irgendwo in der Niederung müssen ja die Fallschirmjäger zu finden sein. [...]

Nachmittags gehen dann die I. und II. Bataillone des Gebirgsjägerregiments 100 in ihre Ausgangsstellungen für den Sturm auf Galatas, während das I. Bataillon/Gebirgsjägerregiment 85 die Sicherung gegen Episkopi – Alikianu übernimmt.

Das Heranschieben an den Feind verlief merkwürdig, nämlich fast ohne Störung durch die Engländer, obwohl ihnen unsere Bewegungen gar nicht verborgen bleiben konnten. Von der Hügelkette westlich Galatas aus, auf der wir aufmarschierten, kann man stellenweise mit freiem Auge feststellen, dass ihre Gräben vor der Ortschaft mit Drahtverhauen gesichert und stark besetzt sind. Trotzdem lassen sie uns überall dort, wo wir nicht in ihre Vorfeldstellungen gerieten, ruhig bis auf eintausend Schritte, ja noch näher herankommen, ohne auch nur einen Schuss abzugeben. Das war in erster Linie bei dem I. Bataillon/Gebirgsjägerregiment 100 der Fall, welches den südlichen Teil der Angriffsfront darstellt und gegenüber der Kastell- und der Kirchhofhöhe von Galatas in Stellung geht.

Bei dem II. Bataillon der 100er, das nördlich davon stehen soll, gibt es einige Verluste durch Baumschützen und Granatwerfer, wie es denn auch den Fallschirmjägern der Gruppe Ramcke nicht ohne Weiteres gelingt, entlang der Küstenstraße auf die gleiche Höhe vorzurücken. Der frontale Angriff war eben gegen diesen Feind und bei unserem Mangel an Artillerie nur unter schweren Blutopfern erfolgreich. Die Engländer erkennen demnach auch bald, dass unser linker Flügel nachhängt und ihnen eine Chance bietet, unsere gesamte Angriffsfront vor Galatas aus der Flanke aufzurollen. Zweimal gehen sie in der Nacht auf den 25. Mai mit bedeutenden Kräften an der Küste und im südlich anschließenden Hügelgelände vor, und nur dem zähen Festhalten der 6. Kompanie der 100er ist es zu verdanken, dass sie beide Male erfolglos bleiben. […]

Als Oberst Utz um 17.00 Uhr nach Chania kommt, übergibt ihm der Bürgermeister in aller Form die Stadt und bittet, ihre Einwohner zu schonen, sie nicht entgelten zu lassen, was vielleicht die Engländer verübt hätten. Oberst Utz erwidert, dass die deutschen Soldaten wohl als Sieger, aber nicht als Feinde gekommen seien, und dass von Plünderung oder Sühne keine Rede sein könne.

Meine Meldung vom Fall der kretischen Hauptstadt fand ihr Echo in einem Funkspruch des Generalfeldmarschalls List, unseres Oberbefehlshabers im Balkanfeldzug: ‚Bravo Ringel! Glückwunsch und Anerkennung den Gebirgsjägern!'

Wir alle waren sehr stolz auf dieses Lob […].[36]

Generalfeldmarschall Wilhelm List,
Oberbefehlshaber im Balkanfeldzug.

Ritterkreuzträger Burghartswieser in Galatas

Die Eroberung der Inselhauptstadt Chania ist eng verknüpft mit dem entscheidenden Gefecht des Oberfeldwebels Maximilian Burghartswieser vor der Ortschaft Galatas. Mehr noch: Der spätere Sieg über die Inselhauptstadt Kretas ist in einem entscheidenden Ausmaß dem Gefechtserfolg des Zugführers Burghartswieser zuzuschreiben.

„Während des Nachmittags ging es Schlag auf Schlag", heißt es vom Kriegsberichterstatter Kurt Neher in der Kriegsgeschichte der 2. Kompanie des Gebirgsjägerregiments 100. „Fast pausenlos stießen die Maschinen auf Galatas herab. Ihre Bomben und ihre Bordkanonen rissen tiefe Wunden in das feindliche Verteidigungssystem. Um 16.30 Uhr erfolgte ein weiterer massiver Stuka-Angriff. Schon während dieses Angriffs gingen die 1. und 3. Kompanie zum Angriff vor. […] Weit rechtsausholend gingen die Kompanien vor, die mittlere Angriffsentfernung im Schutz des Olivenbestandes zu überwinden. Die 2. Kompanie/Gebirgsjägerregiment 100 blieb vorerst in Reserve. Mit dem Fernglas konnte ich gut erkennen, wie die 3. Kompanie/Gebirgsjägerregiment 100 ihr Angriffsziel, eine Höhe, circa 500 Meter südostwärts der Galatashöhe, im Sturmangriff einnahm. Doch der Angriff der 1. Kompanie blieb auf halber Höhe von Galatas liegen. Es war keine Vorwärtsbewegung mehr erkennbar. Im Gegenteil, einige rannten rückwärts, Verwundete wurden zurückgebracht, die Kompanie war abgeschlagen worden. Sie zog sich endgültig zurück in den Olivenhain, aus dem sie angegriffen hatte."[37]

Die Gebirgsjäger stießen bei Galatas wie auch später bei Chania auf Australier, Neuseeländer, Schotten und sogenannte „Layforces", also Kommandotruppen, die man mit Fug und Recht als drei Elitetruppen des britischen Generals Freyberg bezeichnen konnte. Im Gedenkbuch der 5. Gebirgsdivision berichtet General Julius Ringel über die entscheidenden Kampfhandlungen, die schließlich zur Verleihung des Ritterkreuzes zum Eisernen Kreuz an den Oberfeldwebel Maximilian Burghartswieser führten, wie folgt:[38]

„Als sich das I. Bataillon nach vorne zu sammeln beginnt, verlässt das II. Bataillon am linken Hügel der Angriffsfront seine Ausgangsstellungen und rückt in gleicher Weise über die buschbewachsenen Hügelwellen vor, um von Westen und Norden her in den Ort Galatas einzubrechen. Das ist namentlich für die südlichste, die 7. Kompanie ungemein schwer und verlustreich, denn sie muss zunächst eine unmittelbar vor ihr liegende, stark befestigte und besetzte Bodenwelle nehmen. Der Kampf um sie dauert fast eineinhalb Stunden. Es ist ein frontaler Angriff gegen ein System von Schützengräben und Schützennestern, die unter dicht stehenden Stauden und Bäumen angelegt und durch Drahtverhaue und Nahkampfgeschütze, flankierend eingebaute Maschinengewehre und Granatwerfer geschützt und verstärkt sind. […]

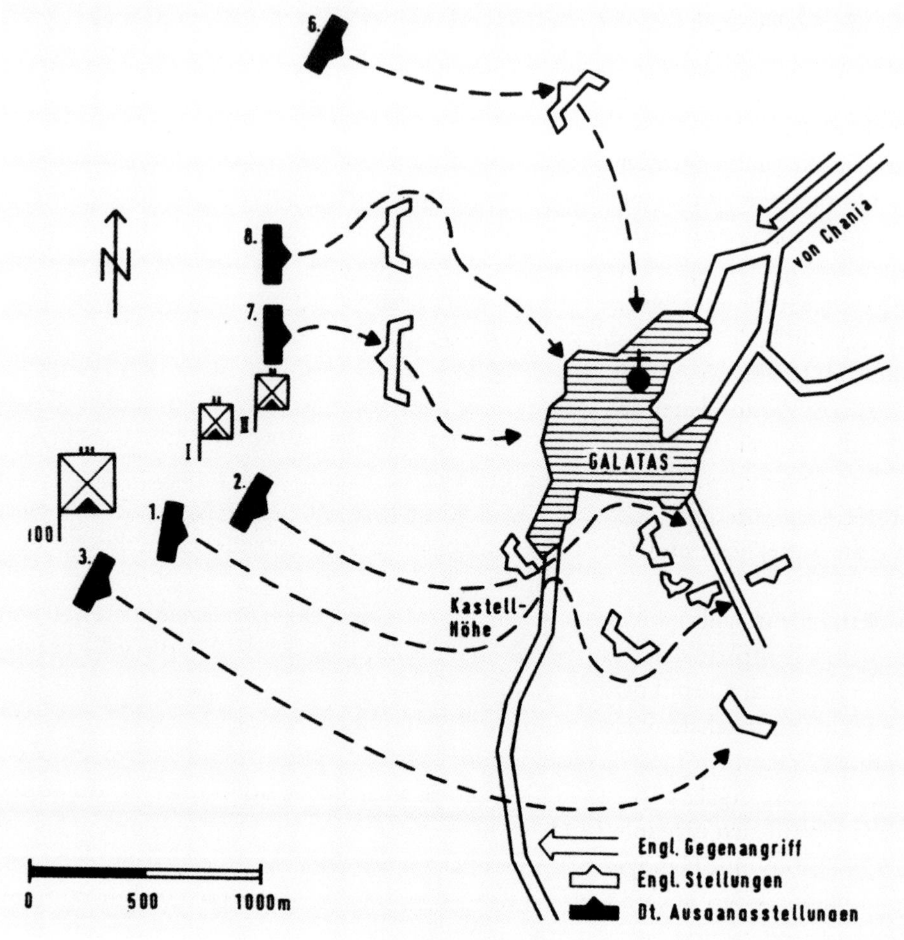

Der Angriff auf Galatas
am 25./26. Mai 1941.

Jetzt erreichen die Jäger den Kirchhof, überklettern die Mauer – leer, nichts, niemand. Sie gehen gebückt und mit schussfertigen Waffen durch die Gräberreihen zwischen Lorbeerbüschen und Zypressen gegen die kleine Kapelle im Norden vor, halten Ausschau. Auf dem Weg, der hierher führt, laufen drei Männer mit flachen Stahlhelmen – die englischen Posten, die es vorzogen, der Begegnung mit den Deutschen auszuweichen. Etwa 300 Schritte weiter verschwinden sie plötzlich, als hätte sie der Erdboden verschluckt. Dort muss eine Abwehrstellung sein.

Dass die Kirchhofshöhe von Galatas, die fünf Tage vorher Schauplatz erbitterter Kämpfe war, an diesem 25. Mai unverteidigt bleibt, findet keine Erklärung, denn sie erhebt sich als eine natürliche Bastion aus der Niederung, in der die Fallschirmjäger der Gruppe Heidrich seit Tagen liegen und von Süden her die Riegelstellung Galatas bedrohen. Von hier aus kann man den Hang der Kastellhöhe und die Hügelwellen im Osten flankieren, was auch sofort ausgenützt wird: Die Gebirgsjäger bringen eine Pak in Stellung, bauen schwere Maschinengewehre ein und beginnen, die Häuser auf der Kastellhöhe zu beschießen. [...]

Oberst Utz setzt sich selbst an die Spitze der 1. Kompanie, die vor kaum einer halben Stunde auf der Kastellhöhe den Handgranatengegenstoß der Engländer erlitten hat. Jetzt folgt sie begeistert ihrem Regimentskommandeur, und mit aufgepflanztem Bajonett und Hurragebrüll wird die feindliche Stellung zwischen dem Ort und der Kirchhofshöhe überrannt, der Verteidiger in die Flucht geschlagen und die wichtige Höhe 500 Meter südöstlich Galatas besetzt.

Dieser Vorstoß leitet den Erfolg des schon zur Neige gehenden Tages ein. Es gilt zunächst, am Südrand von Galatas Fuß zu fassen, dem Verteidiger in den Rücken zu kommen und das seit Stunden schwer ringende II. Bataillon zu entlasten.

Dem Beispiel der 1. Kompanie folgend, erstürmt die 2. Kompanie in einem Anlauf die Kastellhöhe und rollt die dort befindliche Stellung der Engländer von Süden her auf.

Mit einem Schlag ändert sich nun auch die Lage beim II. Bataillon der 100er. Seit Stunden spielt sich dort ein grausiger Kampf ab. Immer wieder versucht die 7. Kompanie den Feind im Handgemenge aus seiner stark befestigten Hügelstellung westlich der Ortschaft zu werfen, und immer wieder muss sie nach starken Verlusten in ihre Deckungen zurück, während die schweren Waffen über die Engländer herfallen. Ebenso ergeht es der 8. und 6. Kompanie, die nördlich von ihr anschließen.

Jetzt wirft sich die tapfere 7. Kompanie noch einmal auf den Feind; durchbricht im Nahkampf mit Handgranaten, Bajonett und Kolben seine Stellung und erreicht im Verein mit den beiden anderen Kompanien des II. Bataillons bei Einbruch der Nacht den West- und Nordrand der Ortschaft.

Damit ist Galatas in unserem Besitz und der Tag, der so blutige und mühevolle 25. Mai 1941, gewonnen."

Damit endete für den Oberfeldwebel Maximilian Burghartswieser der Einsatz auf der sagenumwobenen Mittelmeerinsel. Wenig später war die Eroberung von Kreta abgeschlossen. Während des Unternehmens „Merkur" fielen 231 Offiziere sowie 3.743 Unteroffiziere und Mannschaften, 3.919 wurden verwundet. Zwei Drittel waren Fallschirm-, ein Drittel Gebirgsjäger.

An dieser erschreckenden Bilanz änderte auch nichts daran, dass die Neuseeländer, Australier und Engländer rund 5.000 Mann verloren haben. Nicht eingerechnet diejenigen, die auf See den nassen Tod erlitten. 146 Transportmaschinen gingen verloren, 150 wurden beschädigt und 20 bis 30 Küstensegler versenkt. Dennoch konnten die Deutschen noch vor Beginn des folgenschweren Unternehmens „Barbarossa" eine insgesamt gesehen positive Bilanz des gesamten Balkanfeldzuges ziehen. Es war der letzte „Blitzsieg", den die Wehrmacht erfolgreich abschließen konnte, in dem der Oberfeldwebel Burghartswieser für seinen entscheidenden Kampfeinsatz bei Galatas bekanntlich mit dem Ritterkreuz des Eisernen Kreuzes ausgezeichnet wurde.

Am 31. Mai 1941 stand im Wehrmachtsbericht unter anderem zu lesen: „Bei den Kämpfen um Chania am 25. Mai zeichneten sich die Angehörigen eines Gebirgsjäger-regiments, Oberleutnant Bauer, Oberfeldwebel Burghartswieser, Feldwebel Faltermeier und Oberjäger Kehrer durch besondere Tapferkeit aus."[39]

Zeitgenössische Erinnerungspostkarte an den Einsatz der Gebirgsjäger bei der Eroberung von Kreta.

Planspiele vor dem nächsten Kampfeinsatz

Anfang Dezember 1941 zog sich die 5. Gebirgsdivision von der Mittelmeerinsel Kreta auf das griechische Festland zurück. Dieses Mal verlegte sie auf dem Luftweg in ihren ehemaligen Aufstellungsraum Salzburg – Tirol. Der Divisionsstab bezog sein Quartier in Zell am See. Für Oberst Utz und seine Gebirgsjäger war damit eine Umstellung vom sonnigen und warmen Mittelmeer in die winterlichen Alpen verbunden. Aber es waren immerhin die heimischen Berge, die für ein allgemeines Wohlbefinden sorgten und die Schatten des rauen Kriegsalltages relativ schnell verdrängten.

Die Zeit verflog wie im Flug. Der Kommandeur des Gebirgsjägerregiments 100 wurde voll und ganz von den verschiedenen Umorganisationen innerhalb der „Gamsdivision", wie die Landser ihren Gebirgsgroßverband aufgrund seines taktischen Truppenkennzeichens liebevoll bezeichneten, beansprucht. Schließlich wurde eine Winterausbildung, deren Hintergrund noch verborgen blieb, aber allerlei Gerüchte aufkommen ließ, betrieben. Jedenfalls bot sie den passionierten alpinen Skiläufern reichlich Gelegenheit, die sportlichen Ambitionen zu befriedigen. Da immer mehr Skiübungen im flachen Gelände in den Vordergrund traten, verdichteten sich die Vermutungen, die 5. Gebirgsdivision könnte wie die 2. und 6. Gebirgsdivision auf dem skandinavischen Kriegsschauplatz zum Einsatz kommen.

Aber weit gefehlt. Denn ihr wurde im weiteren Verlauf des Zweiten Weltkrieges jenes Schicksal zuteil, das bereits im Ersten Weltkrieg einer ebenso elitären Truppe widerfahren war – und zwar dem Deutschen Alpenkorps. Das Verhängnis bestand darin, überall dort als Rollbahnfeuerwehr eingesetzt zu werden, wo es gerade lichterloh brannte. War der Einsatz der 5. Gebirgsdivision als Luftlandetruppe noch damit begründet worden, dass gerade die zerlegbaren Gebirgsgeschütze und andere Waffensysteme der flexiblen Gebirgstruppe für den Lufttransport besonders geeignet waren und das gebirgige Gelände auf Kreta eine Spezialtruppe für den Gebirgskrieg zwingend erforderlich machte, so konnte auch kein nur ähnlich lautendes Argument den plötzlichen Einsatz einer bewährten Gebirgsdivision im Flachland vor Leningrad rechtfertigen.

Die Heeresgruppe Nord vor Leningrad

Was hatte sich bisher am Nordflügel der Ostfront ereignet, das den Einsatz der 5. Gebirgsdivision gerade vor dem heutigen St. Petersburg statt in Finnland erforderlich machte? Bereits in der „Weisung Nr. 21" für den „Fall Barbarossa" vom 18. Dezember 1941 hieß es: „[...] erst nach der Vernichtung der Feindkräfte im Baltikum, der die Besetzung von Leningrad und Kronstadt folgen muss [...] sind die Operationen gegen Moskau fortzuführen."[40]

Zu dieser Vernichtung war es jedoch nicht gekommen, weil sich die Rote Armee seit Beginn des Russlandfeldzuges tief gestaffelt dem deutschen Angriff entzogen und zunächst hinter die Düna und später die Newa abgesetzt hatte. Hitler hielt aber an „seinem ideologischen Ziel, Leningrad als Brutstätte des sowjetischen Kommunismus zu zerstören", fest und blieb, laut den Tagebucheintragungen des Generalobersten Franz Halder vom 8. Juni 1941 dabei, „Moskau und Leningrad dem Erdboden gleichzumachen, um die dortigen Menschen nicht während des Winters ernähren zu müssen"[41] Wie stand es nun aber um die Operationen der Heeresgruppe Nord, der schwächsten aller drei im Ostfeldzug operierenden Heeresgruppen, die unter dem Oberbefehl von Generalfeldmarschall Wilhelm Ritter von Leeb stand, in Richtung Leningrad?[42]

Zunächst verliefen die weiträumigen Bewegungen und Kämpfe der Heeresgruppe Nord mit ihrer 16. Armee unter Generaloberst Ernst Busch, der bis zur Düna vorging, und der 18. Armee unter Generaloberst Georg von Küchler, der auf Leningrad vorstieß, sowie der Panzergruppe 4 (Hoepner) mit insgesamt 20 Infanterie-, 3 Panzer- und 3 motorisierten Divisionen von Ostpreußen aus in Richtung Nordosten zügig und planmäßig.

Die Heeresgruppe hatte den Auftrag, den Feind im Baltikum zu schlagen, das Land und die Ostseehäfen zu besetzen und abschließend Leningrad und Kronstadt zu erobern. Damit sollte die Rote Flotte außer Gefecht gesetzt werden. Unterstützt wurde diese Operation durch schnelle Verbände des Nordflügels der Heeresgruppe Mitte. Als erstes operatives Ziel wurde der Raum von Opotschka, der rund 360 Kilometer südlich von Leningrad lag, anvisiert.

Auf der anderen Seite hatte der russische Oberbefehlshaber der Heeresgruppe „Baltikum", Marschall Woroschilow, seine Truppen von Anfang an tief gestaffelt – und zwar 7 Divisionen an der ostpreußischen Grenze und weitere 26 Divisionen und 6 motorisierte Brigaden von Wilna bis Schaulen und von Opotschka bis Pleskau! Der russische Aufmarsch war also auf Abwehr, Hinhalten und Ausweichen eingestellt.

So stieß der deutsche Angriff vorerst nur auf schwachen Widerstand. Von Mansteins Panzerkorps brauste in nicht mehr als drei Tagen über den Dubissaabschnitt bis zur Düna in Dünaburg vor und erzwang nach diesem verwegenen Raid von über 300 Kilometern auch noch einen Brückenkopf. Nachdem dann auch noch bei Jakobstadt die Düna überschritten worden war, schlossen die Infanteriekorps mit improvisierten motorisierten Vorausabteilungen überraschend schnell auf, sodass bis zum 28. Juni Libau, bis zum 29. Juni Riga, bis zum 1. Juli Windau, bis zum 9. Juli Pleskau und tags darauf sogar Opotschka erreicht wurde. Trotz dieser Erfolge der Heeresgruppe Nord war die Rote Armee auch im Nordabschnitt der Ostfront keineswegs entscheidend zerschlagen worden. Vielmehr hatte sich die Masse des Feindes unter der wendigen Führung Woroschilows planmäßig der Vernichtung oder Gefangennahme entzogen.

So war zwar auch im Nordabschnitt das Ziel der ersten Operationsphase mit der Dnjepr-Düna-Linie räumlich erreicht worden; wesentliche Feindverbände wurden jedoch nicht vernichtet und standen so der sowjetischen Führung weiterhin zur Verfügung.

Zwar hatte die Heeresgruppe Nord bis Anfang September 1941 die Newa erreicht, am 8. September Schlüsselburg genommen und war sogar nach heftigen Kämpfen mit ihren angesetzten Panzerverbänden bis an das südlich von Leningrad gelegene Höhengelände vorgedrungen, aber die Stadt selbst konnte nicht erobert werden, weil einerseits am 16. September bei General Reinhardt, einem der bewährtesten Panzerführer, ein Befehl eintraf, der besagte, dass die Panzergruppe Hoepner sofort das Höhengelände zu verlassen und zu anderweitiger Verwendung nach Süden abzumarschieren habe, und weil sich andererseits die erlahmenden eigenen Kräfte gegen den fanatischen Widerstand der Leningrader Arbeitermilizen nicht mehr durchzusetzen vermochten.

Auch der deutsche Versuch, einen sowjetischen Brückenkopf bei Oranienburg, der von russischen Marineeinheiten zum Schutz von Kronstadt gebildet wurde, zu beseitigen, misslang aus Kräftemangel. Ebenso war es den Deutschen nicht gelungen, die Verbindung mit den Finnen, die zwischen Onega- und Ladogasee bis zum Swir vorgestoßen waren, herzustellen und den Fall der Stadt durch eine Einkreisung und Blockade, bei der die Millionenbevölkerung durch Aushungern dezimiert werden sollte, zu erzwingen.

Der deutsche Angriffsschwung war auch bei der Heeresgruppe Nord, bei der die Verluste besonders hoch waren, erlahmt. Der Rückschlag vor Moskau lag in jenem schicksalsschweren Winter 1941/1942 wie ein langer, bedrohlicher Schatten über der Ostfront. Trotz massiver russischer Entlastungsangriffe konnte die Front jedoch vor Leningrad, am Wolchow und am Ilmensee bis zum Frühjahr 1942 gegenüber örtlichen russischen Einbrüchen gehalten werden.

Doch bald vergrößerte der Russe seine Präsenz auf dem Schlachtfeld, die die Deutschen irgendwie erwartet hatten, schlagartig. Am 8. Januar begann die russische „Nordwestfront" mit drei Armeen (11., 34. und 1. Stoßarmee) ihre Offensive gegen die Hauptkampflinie der deutschen 16. Armee südlich des Ilmensees, um im Zusammenwirken mit Teilen der russischen „Kalininfront" (3. Stoßarmee) den

Südflügel der Heeresgruppe Nord zu zerschlagen. Eine kühne Operation, die die Russen sich da ausgedacht hatten!

Bereits einen Tag nach Angriffsbeginn, am 9. Januar 1942, war es den Sowjets gelungen, das im Raum von Demjansk stehende deutsche II. Armeekorps und die Masse des X. Armeekorps von Norden her von seinen rückwärtigen Verbindungen abzuschneiden. Damit war ein Kriegsschauplatz entstanden, der in den folgenden Tagen, ja gar Wochen und Monaten im Bereich der Heeresgruppe Nord immer mehr in den Brennpunkt des Geschehens rückte und an dem später auch Truppenteile der geteilten 7. Gebirgsdivision beteiligt sein sollten.

Nun, die schweren Kampfhandlungen an der Ostfront im Winter 1941/1942 waren trotz aller „Abwehrerfolge" auch an der Deutschen Wehrmacht nicht spurlos vorübergegangen. Die Notizen des Generalobersten Franz Halder zur Lage veranschaulichen uns das recht eindrucksvoll. Am 15. Februar 1942 zog der Generalstabschef des Heeres folgende erschütternde Gesamtbilanz (seit Beginn des Ostfeldzuges):

„**Verluste:** 22. Juni 1941 – 10. Februar 1942:

Gefallen:	7.872 Offiziere,	191.276 Unteroffiziere und Mannschaften
Verwundet:	21.130 Offiziere,	681.236 Unteroffiziere und Mannschaften
Vermisst:	729 Offiziere,	43.730 Unteroffiziere und Mannschaften
Gesamt:	29.731 Offiziere,	916.242 Unteroffiziere und Mannschaften

Gesamtverlust des Heeres (ohne Kranke): 945.973 = 29,56 Prozent des Ostheeres (3,2 Millionen)

Lage: Südlich des Ilmensees verschärft. Neue Kräfte des Feindes sind aufgetreten und werden weiter herangeführt. Im Übrigen keine wesentliche Veränderung. Überall Abwehrerfolge. An einzelnen Stellen Ausräumen feindlicher Kessel (4. Armee). Eigene Verluste nehmen zu."[43]

Aber noch war es nicht soweit. Zwar hatte die Heeresgruppe Nord unter dem Generalfeldmarschall Wilhelm Ritter von Leeb bis Anfang September 1941 die Newa erreicht und am 8. September Schlüsselburg genommen. Es war ihr zunächst in heftigen Kämpfen sogar gelungen, bis an den südlichen Stadtrand von Leningrad vorzudringen. Doch dann konnten sich die erschöpften deutschen Verbände nicht mehr gegen den fanatischen Widerstand der Leningrader Arbeitermilizen durchsetzen.

Auch der deutsche Versuch, einen zum Schutz von Kronstadt durch sowjetische Marineeinheiten gebildeten Brückenkopf bei Oranienburg zu beseitigen, misslang der Wehrmacht aus Kräftemangel. Ebenso wenig war es den Deutschen gelungen, die Verbindung mit den Finnen herzustellen, die zwischen dem Onega- und Ladogasee bis zum Swir vorgestoßen waren. Damit blieben, ähnlich wie auf dem Südflügel der

Deutsche Artillerie im Feuerkampf vor Leningrad.

Ostfront im Donezgebiet und bei Rostow, die befohlenen Operationen auch gegen Leningrad ohne den angestrebten Erfolg.

Um die operativen Ziele bei Leningrad doch noch zu erreichen, wurden weitere Verbände und Einheiten zugeführt. Unter ihnen befand sich auch die 5. Gebirgsdivision mit ihrem in allen bisherigen Feldzügen bewährten Gebirgsjägerregiment 100. „Aus der herrlichen ‚Gamsdivision' wurde die ‚Rollbahnfeuerwehr', die Hunderte kleine und kleinste Waffentaten aufzuweisen hatte, aber nur die 2. und 3. Ladogaschlacht als große Siege", beklagte sich General Julius Ringel. „Wir erlitten das gleiche Schicksal wie die Kaiserjäger des Ersten Weltkrieges – aus der ‚Not am Mann' heraus ‚Korsettstangen' geworden zu sein. Und wir beneideten unsere Kameraden von den anderen Gebirgsdivisionen, weil sie beisammenbleiben konnten."[44]

In der zweiten Märzhälfte des Kriegsjahres 1942 verlegte die 5. Gebirgsdivision in ihren neuen Einsatzraum. Dort kam sie zunächst noch als geschlossener Verband bei Pogostje, Leningrad und Schlüsselburg sowie am Ladogasee und Wolchow zum Einsatz. „Es war immer das gleiche Bild, wenn eine Division aus heiterem Himmel einen Verlegungsbefehl erhielt: aufgeschreckte Stäbe, Befehle an die Truppe, Telefonate, Melder, Ordonnanzoffiziere, Packen, Kopfzerbrechen wegen Verladeraum, Gerüchte,

Spekulationen."[45] Die Einsätze des Gebirgsjägerregiments 100 sahen mit der übergeordneten 5. Gebirgsdivision im Bereich der Heeresgruppe Nord zwischen dem 14. März 1942 und November 1943 folgendermaßen aus:[46]

14.03.1942 – 25.03.1942	Abwehr des feindlichen Durchbruchangriffs aus dem Pogostje-Raum auf Ljuban.
26.03.1942 – 14.04.1942	Abwehrkämpfe bei Schala und Kondjuja.
15.04.1942 – 26.04.1942	Abwehr des feindlichen Durchbruchangriffs aus dem Pogostje-Raum auf Ljuban.
27.04.1942 – 11.06.1942	Stellungskämpfe am Wolchow und im Pogostje Raum.
12.06.1942 – 27.06.1942	Schließung der Lücke Spasskaija – Polistje.
28.06.1942 – 21.08.1942	Stellungskämpfe am Wolchow und im Pogostje-Raum.
22.08.1942 – 31.08.1942	Stellungskämpfe im Bereich der Heeresgruppe Nord.
01.09.1942 – 02.10.1942	Abwehrschlacht südlich des Ladogasees.
03.10.1942 – 30.10.1942	Stellungskämpfe im Bereich der 11. Armee, Raum Leningrad.
01.11.1942 – 11.01.1943	Stellungskämpfe im Bereich der Heeresgruppe Nord.
12.01.1943 – 31.03.1943	2. Abwehrschlacht südlich des Ladogasees am Pogostje-Kessel und südlich Kolpino.
01.04.1943 – 21.07.1943	Stellungskämpfe im Bereich der Heeresgruppe Nord.
22.07.1943 – 24.09.1943	3. Abwehrschlacht südlich des Ladogasees.
25.06.1943 – 26.11.1943	Stellungskämpfe im Bereich der Heeresgruppe Nord.

Gefallen:	169
Verwundet:	472
Vermisst:	35
Gesamtverluste:	676

Ein Durchbruch am Wolchow, zu dem die sowjetische 2. Stoßarmee am 25. Februar mit nicht weniger als 6 Schützen- und 3 Kavalleriedivisionen sowie 8 Schützen- und 2 Panzerbrigaden ansetzte, konnte von den Deutschen gerade noch vereitelt werden. Doch verschärfte sich die Lage ab dem 10. März abermals dramatisch. Denn die Sowjets versuchten massiv, mit ihrer 54. Armee von Norden her bei Pogostje zur 2. Stoßarmee durchzubrechen. Nachdem die deutschen Truppen auch diese Gefahr erkannt und beseitigt hatten, begann am 15. März auf dem Westufer des Wolchow der Angriff der 18. Armee, der von der Luftflotte 1 mit 250 Kampfflugzeugen unterstützt wurde.

Unter dem 15. März 1942 enthält das „Kriegstagebuch des Oberkommandos der Wehrmacht" folgende aufschlussreiche Eintragung über die Aktivitäten der Deutschen am Wolchow: „Bei Heeresgruppe Nord ist der Wolchowangriff angetreten und hat im

Süden geringe, im Norden befriedigende Fortschritte gemacht. An der Ladogafront dauern die feindlichen Angriffe an: Die Lage bleibt gespannt.[47]

Am 16. März 1942 notierte Generaloberst Halder zur Lage am Wolchow unter anderem: „Bei Heeresgruppe Nord am Wolchow langsame Fortschritte; bei Pogostje Abwehrerfolg, aber noch keine Sicherheit gegen weitere ernste Spannungen."[48]

Auch in den folgenden Tagen widmete der Generalstabschef des Heeres seine ganze Aufmerksamkeit dem Wolchowabschnitt. So erhalten wir aus Halders Notizen einige interessante Informationen über die Heeresgruppe Nord, vor allem aber über den Frontabschnitt der Gebirgsartilleristen am Wolchow:[49]

„17. März 1942: Ohne wesentliche Veränderungen. Der Angriff am Wolchow gewinnt nun sehr langsam an Boden. Bei Pogostje vermehrte Spannung.

18. März 1942: Bei Heeresgruppe Nord gewinnt zwar der am Wolchow von Norden her angesetzte Angriffskeil westlich der Straße langsam an Boden. Der südliche Angriff kommt aber nicht vorwärts, weil hier der Feind sehr stark gegenangreift. Im Wolchowkessel scheint die feindliche Angriffskraft allmählich etwas zu erlahmen. [...]
Von Küchler will mit Rücksicht auf die immer gespannter werdende Lage bei II. Armeekorps den Angriff bei Staraja Russa am 20. März führen. Der Führer will aber diesen Angriff erst loslassen, wenn die Lücke am Wolchow geschlossen ist. Man kann nur hoffen, dass bis zu diesem Zeitpunkt die Lage bei Zorn nicht unerträglich geworden ist.

19. März 1942: Der Gegner versucht offenbar, vor Eintritt des Tauwetters noch zu örtlichen Erfolgen zu kommen. Der Tag war zwar ruhig, aber die Vorbereitung zu weiteren Angriffen ist an den bekannten Druckstellen zu erkennen. Wolchowfront ist geschlossen. [...]

20. März 1942: Bei Staraja Russa sind vorbereitende Fliegerangriffe durchgeführt worden. Der Angriff selbst wird morgen geführt werden. Lage bei II. Armeekorps wird wieder zuversichtlich beurteilt. An der Wolchowfront nur schwächliche Angriffe gegen die geschlagene Brücke, aber Abtransport neuer Kräfte von Osten. [...]

21. März 1942: Angriff Staraja Russa angetreten. [...]

22. März 1942: Angriff Staraja Russa schreitet befriedigend fort. Im Übrigen keine wesentlichen Veränderungen."

Unter dem 29. März 1942 notierte Halder zur Lage am Wolchow: „Bei Heeresgruppe Nord ist die Brücke am Wolchow endgültig wieder geplatzt. Die Lage südlich Pogostje ist recht unerfreulich. [...] Das Gesamtbild ergibt, dass der Feind vor Beginn der

Russische Flakgeschützstellung in Leningrad im Winter 1942/1943.

Schneeschmelze verzweifelte Bemühungen macht, noch zu einem Erfolg zu kommen. Schwerpunkt im Norden."[50] Und am 30. März 1942 vermerkte der Chef des Generalstabes des Heeres: „Lage ohne wesentliche Veränderung. Unser Angriff bei Staraja Russa hat nicht wesentlich Boden gewonnen und muss Schwerpunkt an den Nordflügel verlegen. Am Wolchow ist die Lücke noch nicht geschlossen. [...] An der übrigen Front verhältnismäßig Ruhe."[51]

Es war eine mörderische Front, ein Sumpfgelände, in dem Oberst Wittmann und seine Gebirgsartilleristen zu kämpfen hatten, das durch die ständigen Niederschläge nahezu grundlos geworden war und somit zu Recht von den Landsern als die „Grüne Hölle" bezeichnet wurde. Die Verpflegung und Munition kamen in Mannschafts- und Einzeltransporten zur Hauptkampflinie. Transportfähige Verwundete wurden mit der Sturmbootfähre an das westliche Wolchowufer zurückgebracht, während die gefallenen Kameraden zurückgelassen werden mussten. Dazwischen schlugen Bomben ein. Alle paar Minuten kamen die Geschosse der „Stalinorgeln" herangerauscht. Und schon nahm alles eine Deckung in den kleinsten Sumpflöchern.

Ende Juni 1942, es war nach monatelangen Kämpfen im Sumpf und Schlamm gegen eine erbarmungslose Natur mit einer großen Schneeschmelze und unvorstellbar viel Wasser, das ständig in die Bunker und Kampfunterstände eindrang und die Versorgungswege bodenlos aufweichte, war der Wolchowkessel der sowjetischen 54. Armee zusammengebrochen. Bis zum 12. Juli marschierten 33.000 Sowjets in die Kriegsgefangenschaft, 649 Geschütze, 171 Panzer, 2.000 Kraftfahrzeuge, 2.904 Maschinengewehre, Granatwerfer und Maschinenpistolen sowie zahlreiches anderes Kriegsgerät wurden erbeutet. In den viereinhalb Monaten der Wolchowschlacht verloren die Sowjets nicht weniger als 130.000 Mann an Toten und Verwundeten.

„Aus Trichtern und Sümpfen quoll schwarzes Wasser", schrieb General Klatt. „Hilferufe verwundeter Russen drangen aus den Weiten der Kessellandschaft, in deren Mitte unsere Jäger standen. Da stöhnten Menschen, die sich von Gott und der Welt verlassen sahen. Namen wurden gerufen. Dann wieder brachen hemmungslose Schreie der Qual aus verborgenen Mündern hervor. Die Jäger horchten in das Dunkel hinaus. Niemand konnte sich dem Grauen dieser Stimmen entziehen, die oft schon den Stempel des Todes trugen, eines Todes, in dessen Reich nun einmal jeder Soldat des anderen Bruder ist."[52]

Trotz dieser erschreckend hohen Verluste versuchten die Sowjets weitere Ausbruchsversuche an der Newafront zwischen Leningrad und Schlüsselburg, um der Gefangennahme durch die Deutschen zu entgehen. Meist jedoch vergebens. Unter den in die deutsche Kriegsgefangenschaft geratenen Rotarmisten befand sich ein weiterer namhafter sowjetischer General, ja „einer der Besten, die das bolschewistische Russland hatte:"[53] Andrej Andrejewitsch Wlassow, der Befehlshaber der 2. Stoßarmee. Noch im Herbst 1942 hatte er sich den Deutschen angeschlossen und aus sowjetischen Kriegsgefangenen eine Freiwilligenarmee geschaffen, um mit ihr gegen den verhassten Bolschewismus zu kämpfen. Aber die Deutschen standen ihm zunächst reserviert gegenüber, sodass eine einmalige Chance allzu leichtfertig verspielt wurde.[54]

Gefechtsbericht über die Kämpfe an der Newa-Tossna-Mündung

Ein Gefechtsbericht des II. Bataillons des Gebirgsjägerregiments 100 über die Kämpfe an der Newa-Tossna-Mündung, der von Oberleutnant Walter Pröhl verfasst und später von seinem Kameraden Oberleutnant Karl Knödl ergänzt wurde, veranschaulicht uns recht deutlich die ganze Härte und Brutalität der Kampfhandlungen im Raum Leningrad, in die auch der Ritterkreuzträger Maximilian Burghartswieser und dessen Zug von der 7. Kompanie verwickelt worden war.[55]

„Seit dem 19. August war aus nördlicher Richtung, also Leningrad, schwerer Gefechtslärm hörbar, der zunächst nicht gedeutet werden konnte. Die Aufklärung brachte der Alarm gegen 16.00 Uhr, der verlangte: Das Bataillon steht mit allen seinen Gefechtsteilen ab 18.00 Uhr verladebereit am Bahnhof Riabowo und Kommandeur voraus zum Stab SS-Polizeidivision nach Scablino, der das Bataillon unterstellt sei.

Die Kompanien befanden sich zur selben Zeit außerhalb des Biwakraumes bei der Ausbildung. Um 18.00 Uhr jedoch stand wie befohlen das Bataillon einladebereit am Bahnhof. Eine glänzende Leistung des Befehlsapparates und des ganzen Bataillons, die dies in dieser mehr als knapp anzusprechenden Zeit schafften.

Weniger schnell erwies sich die Bahn. Der erste Transport konnte erst gegen 22.00 Uhr in Richtung Scablino abfahren. Er barg, wie aus dem Befehl ersichtlich, sämtliche Kampfteile mit ihren Waffen und der Munition. Der einzige fehlende Teil des Bataillons, der noch im Tigoda-Moor eingesetzte leichte Infanteriegeschützzug, hatte bereits Befehl, im Lkw-Transport dem Bataillon nachzurücken. Nach Ausgabe der Befehle fuhr der Kommandeur mit Adjutant und Ordonnanzoffizier voraus zur SS-Polizeidivision, die vergeblich in Scablino gesucht, dafür in Ulijanowskij, etwa zwölf Kilometer von dort entfernt, aufgefunden wurde. Die erste Besprechung ergab, dass das Bataillon zunächst Armeereserve und nur auf Befehl der Armee im dringendsten Fall einzusetzen sei. Als Biwakraum wurde Uljanowka bestimmt.

Der um 02.30 Uhr eintreffende Transport unter Führung von Hauptmann Leikam hielt kurz vor Scablino auf freier Strecke und wurde von dort aus in die Biwakräume durch den Ordonnanzoffizier eingewiesen. Für den Transport von Waffen und Geräte sowie der reichlich mitgenommenen Munition standen zehn Lkw der SS-Polizeidivision zur Verfügung.

Zur selben Zeit erhellten die Leuchtbomben der russischen Flieger die Nacht, während unserseits Scheinwerfer und Flakgranaten nach den Russen griffen. Weit auseinandergezogen und eingegraben ging die Masse des Bataillons zu kurzer Ruhe über, während Kommandeur und Kompaniechefs gegen 03.30 Uhr nun schon am 20. August in den möglichen Einsatzraum über Nikolskoje am Ostufer der Tossna nach Norden vorfuhren, um Einblick in das Gelände zu nehmen. Ein zweiter Transport hatte inzwischen die Tiere und Bespannfahrzeuge des Bataillons nachgebracht.

Aufgrund eines dringenden Anrufes wurde gegen 13.00 Uhr eine neuerliche Meldung des Kommandeurs beim Divisionsstab der SS-Polizeidivision verlangt. An der Lage hatte sich inzwischen nichts geändert. Das Bataillon bekam aber den Befehl, spätestens um 14.00 Uhr antretend, immer noch als Armeereserve, einen neuen Biwak- und Bereitstellungsraum im Walde 750 Meter nördlich Roshdestwenno bis 16.00 Uhr zu erreichen. Diese Zeitberechnung entsprach einem geschlossenen, reibungslosen Marsch auf der Straße, gegen die der Kommandeur aufgrund bereits bekannter Verhältnisse von vornherein Bedenken äußerte. Entsprechend der Lage der Biwakplätze trat das Bataillon mit Anfang 6. Kompanie pünktlich an. Vorausschauend war Wegerkundung angesetzt mit dem Auftrag, abseits der Straße über Nikolskoje Richtung Bereitstellungsraum für Mannschaften und Tiere feuerarme Räume zu erkunden. Lediglich die Bespannfahrzeuge sollten weit auseinandergezogen, als an die Straße gebunden, auf ihr folgen. Zugleich wurde dadurch eine geringere Tiefe und damit Zeitersparnis erreicht.

Während des Marsches lagen schwere Artillerieüberfälle in und um Nikolskoje, besonders auf den schmalen zum Übergang zwingenden Brücken und Wegstücken, deren es dort mehrere gab. Dank der Auseinanderziehung und tiefen Gliederung entsprechend der vorausschauenden Maßnahmen gelangte das Bataillon ohne Verluste in den befohlenen Raum, allerdings nicht um 16.00 Uhr mit letzten Teilen, sondern mit Anfang.

Diese Maßnahmen waren überdies durch den Herrn Regimentskommandeur ausdrücklich gebilligt worden.

Eine Auswirkung in irgendwelcher Form war nicht gegeben. Nach der Versammlung des Bataillons wurde noch einmal eine eingehende Erkundung des Geländes, diesmal aber schon in Verbindung mit einem gedachten Angriff, gegen 19.00 Uhr vorgenommen, obwohl von vorgesetzter Stelle immer noch versichert wurde, das Bataillon nur im äußersten Notfall einzusetzen. Dabei spielte höheren Orts wohl auch der Gedanke eine Rolle, dass dem Bataillon, für den Waldkampf spezialisiert, eine andere Aufgabe zugedacht war. Bereits im Strichfeuer des Gegners entwickelte der Kommandeur vor seinen Kompaniechefs an der Kiesgrube etwa eineinhalb Kilometer südlich Iwanowskoje (Ivanovskaya) seinen Angriffsplan und ordnete anschließend die Erkundung der Bereitstellungsplätze beziehungsweise Feuerstellungen im Einzelnen an. Die schweren Artillerieeinschläge in der Gegend ließen vermuten, dass der Gegner auf alle Fälle stärker war, als bisher geschildert wurde.

Diese Erkundung sollte sich sehr bald als äußerst vorteilhaft herausstellen. Sie war bei dem später befohlenen, zeitlich mehr als knapp in der Nacht angeordneten Angriff entscheidend und ermöglichte überhaupt erst seine Durchführung in der befohlenen Art und Weise. Im Zuge dieser Maßnahmen wurde auch Verbindung mit dem Führer

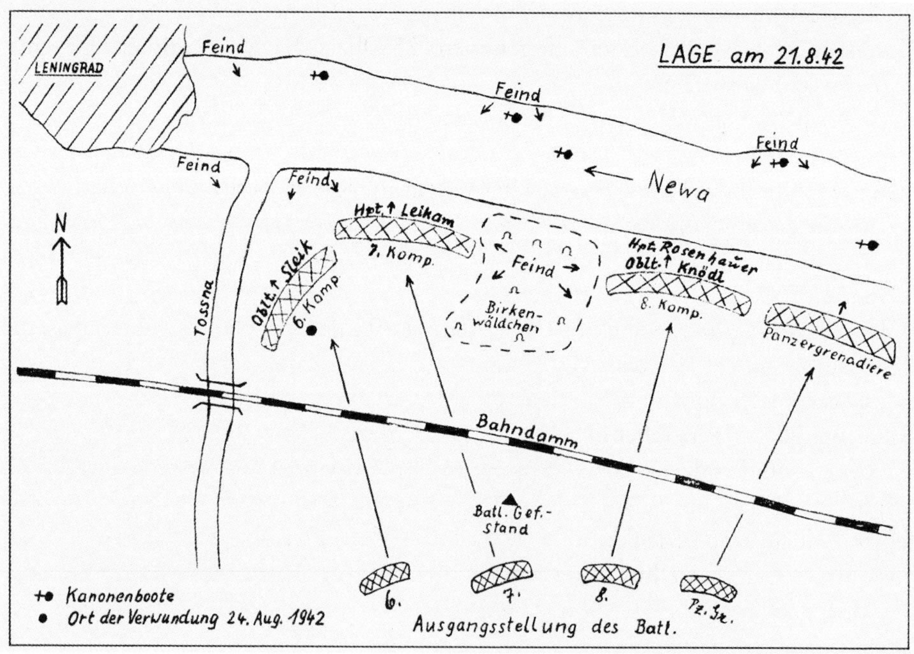

Die Kampflage am Newabogen am 21. August 1942
des II. Bataillon/Gebirgsjägerregiment 100.

einer in Gegend Bahndamm (südlich von Iwanowskoje) liegende Kampfgruppe, SS-Obersturmbannführer Schmedding, aufgenommen, dessen Gefechtsstand zwei Kilometer südlich davon an der Straße Nikolskoje – Iwanowskoje gelegen war. Eine Lagebesprechung mit ihm ergab ebenfalls, dass die Front am Bahndamm keineswegs als in jedem Fall stabil angesehen werden konnte.

Es wurde deshalb der 1. Zug der 6. Kompanie (Leutnant Bayer) und der Panzerwarndienst der 16. Kompanie zur Sicherung der Ruhe und Bereitstellung nach vorne geschoben. Es ergab sich weiterhin, dass in den Waldstücken nordostwestlich des Gefechtsstandes mit schwächeren, versprengten Teilen des Gegners zu rechnen sei. Vorne eingesetzte Panzer waren inzwischen nach rückwärts gezogen worden, um in der Nacht im Anschluss an den Zug Bayer entlang der Straße zu sichern. Ihr Führer, Hauptmann Ditté, II. Abteilung/Panzerregiment 29, brachte ein Feindbild, das nun allerdings grundsätzlich von dem bisher dem Bataillon mitgeteilten abwich. Am Nachmittag selbst noch in schwerem Kampf mit dem Gegner, schätzte er ihn in dem auch für das Bataillon in Frage kommenden Angriffsgelände auf mindestens ein, möglicherweise zwei Regimenter und schwere massierte Artillerie. Demgegenüber stand die Ansicht der SS-Polizeidivision, dass es sich lediglich um schwachen Feind in Stärke von hundert Mann handeln würde. Kurz vor 22.00 Uhr, bei bereits hereinbrechender

Nacht, erreichte auf dem Gefechtsstand Schmedding den Kommandeur der Anruf des Kommandeurs des Panzergrenadierregiment 25 Oberst Bayer – Regimentsgefechtsstand im Südteil von Ostradnoje (Otradnoje – große Siedlung am Ostufer der Newa) – mit dem Befehl, am 21. August im Morgengrauen den Feind zwischen der Straße Nikolskoje – Iwanowskoje und Tossna überraschend und ohne Artillerievorbereitung anzugreifen und das Newa-Tossna-Ufer wieder in eigenen Besitz zu nehmen.

Das Panzergrenadierregiment 25 war seinerseits wieder der SS-Polizeidivision unterstellt. Zugleich verlangte Oberst Bayer die Entsendung eines Ordonanzoffiziers.

Die Schwierigkeiten der Verbindung zur vorgesetzten Stelle traten hier erstmalig in Erscheinung. Durch viereinhalb Kilometer Luftlinie vom Regimentsgefechtsstand getrennt, musste Oberleutnant Jühling durch ein wahrscheinlich nicht ganz feindfreies Waldgebiet dorthin in Marsch gesetzt werden. Es wurden ihm einige Leute der 6. Kompanie zur persönlichen Sicherung mitgegeben.

Unter dem Eindruck des Berichtes von Hauptmann Ditté über die Stärke des Gegners trug der Kommandeur dem Ia (1. Generalstabsoffizier) der SS-Polizeidivision fernmündlich seine Bedenken vor, mit nur einem Bataillon den in einer ausgebauten, von ihm eroberten Stellung sitzenden starken Gegner, dem ebenso starke Artillerie zur Verfügung stand, in der befohlenen Art – überraschend und ohne Artillerievorbereitung – anzugreifen.

Oberleutnant Pröhl wurde mit einem schriftlich fixierten Auftrag zum eigenen Regimentskommandeur Oberst Utz gesandt, um dort ebenfalls die Bedenken des Kommandeurs über die Art des Befohlenen darzulegen, obwohl bekannt war, dass das Regiment offiziell keinerlei Einfluss auf die Gefechtsführung hatte und nur Arbeitsstab zur besonderen Verwendung war. Der Grund dieser Maßnahme war die Aufrechterhaltung des Befehls durch den Ia (1. Generalstabsoffizier) der SS-Polizeidivision, der nach wie vor der Meinung war, dass es sich lediglich um einen schwachen, hundert Mann starken Gegner handeln würde. In der Zwischenzeit war der Befehl zur Versammlung aller Führer des Bataillons gegeben worden. Sollte, wie befohlen, um 02.30 Uhr aus der Bereitstellung etwa 900 Meter südlich des Bahndamms angetreten werden, so war höchste Eile geboten. Die Kompaniechefs und selbstständigen Zugführer wurden in der Reihenfolge der Wichtigkeit zu dritt und viert in dem als Befehlsraum eingerichteten Kommandeurswagen mit dem Angriffsbefehl mündlich bekannt gemacht. Der anschließend um 00.30 Uhr ausgegebene schriftliche Bataillonsbefehl diente lediglich nur noch der nochmaligen Zusammenfassung und schriftlichen Niederlegung der befohlenen Maßnahme. Auf den schriftlichen Angriffsbefehl der Gruppe Bayer konnte jedenfalls nicht gewartet werden. Er traf, um 22.45 Uhr gegeben, erst um 01.35 Uhr, also eine knappe Stunde vor dem Beginn der Bewegung, ein. Zusätzlich der bisherigen Beurteilung der Lage war in Ziffer 4 dieses Befehls vermerkt, dass der Gegner erst nördlich der großen Straße Iwanowskoje nach Südwesten, also durchschnittlich 300 Meter nördlich vom Bahndamm, anzutreffen sei. Der Angriffsplan entsprechend dem gegebenen Befehl und der sich nun bezahlt machenden eigenen Einsicht ins Gelände – die am Abend gegebenen vorausschauenden Angriffsdispositionen an die Kompaniechefs konnten unverändert beibehalten werden! – war:

Mit der 8. Kompanie rechts und 7. Kompanie links (Schwerpunkt) sich in dem erkundeten Raum bereitzustellen (siehe Skizze) und sich nach erfolgter Gliederung an den Bahndamm als Sturmausgangsstellung heranzuschieben. Mit einem zeitlichen Abstand von einer Viertelstunde sollte die 6. Kompanie hinter der 7. Kompanie folgen, um es dieser zu ermöglichen ohne Rücksicht auf Flanke und Rücken durchzustoßen und rasch das Angriffsziel zu erreichen. Der zur Sicherung hinausgeschobene Zug Bayer war beim Vorgehen aufzunehmen. Anschließend sollte es Aufgabe der 6. Kompanie sein, angelehnt an den linken Flügel der 7. Kompanie bei der Newa-Tossna-Mündung das Ostufer der Tossna einschließlich der Eisenbahnbrücke zu halten.

Ein Teil der schweren MG-Züge sollte als unterstellt bei beginnender Sicht einen Teil des Feuerschutzes der Kompanien übernehmen. Der Angriffsstreifen des Bataillons von knapp tausend Meter erschien tragbar, sofern nicht mit starkem, eingegrabenem Gegner gerechnet werden musste.

Die schweren Waffen des Bataillons (ohne den bei den Kompanien befindlichen schweren Granatwerfergruppen) hatten aus den am Abend bereits festgelegten Feuerstellungen mit vorgeschobenen Beobachtern die Kompanien zu begleiten, wobei besonders Rücksicht auf die Schwerpunktbildung (schwerer Infanteriegeschützzug!) genommen wurde.

Zu spät und als absolut untragbar stellte sich dabei die mangelnde Ausstattung des schweren Infanteriegeschützzugs mit Nachrichtenmitteln heraus, dem das dringendst benötigte Funkgerät versagt worden war.

Der Rest der schweren Waffen einschließlich der Nebelwerfergruppe und des Pionierzugs war als Bataillonsreserve gedacht, die erst mit beginnender Wirkungsmöglichkeit, also bei Tag, entsprechend der Entwicklung der Lage, den Kompanien zuzuschieben waren. Der Chef der MG-Kompanie war für die Führung am geeignetsten.

Der unterstellte Pak-Zug musste entsprechend der Kenntnis des Geländes unter Führung seines Zugführers geschlossen auf der Straße bis zum Bahndamm vorgezogen werden. Der Zugführer hatte sich nach seinem Eintreffen dort beim Bataillon weitere Weisung für den Einsatz zu holen. In diesem Sinne wurde auch der Bataillonsbefehl gegeben.

Das Artillerievorauskommando der I. Abteilung/Artillerieregiment 2 verblieb beim Bataillon. Ein weiteres zugesagtes einer anderen Abteilung erschien nicht, vermutlich aufgrund von Orientierungsschwierigkeiten. Schon am Abend vorher war von der Kampfgruppe Schmedding die Zusicherung gegeben worden, dass die am Bahndamm liegenden Teile von der Absicht des Bataillons, sich von hinten heranzuschieben,

Ritterkreuzträger
Maximilian Burghartswieser.

Straßenkreuzung im Bereich der Heeresgruppe Nord an der Rollbahn Moskau - Petersburg (Leningrad).

Wegweiser an der Wolchowfront
in Richtung Heimat nach Klagenfurt.

General Julius Ringel mit seinen Gebirgssoldaten
am Wolchow.

„Der Wolchoff" von der deutschen Luftaufklärung aufgenommen.

Deutsche Soldaten im brennenden Witebesk an der Düna.

Troßstellung am Wolchow im Juni 1942.

Aus Baumstämmen gebaute Unterkünfte an der Wolchowfront.

Ein Soldat geht über einen Knüppeldamm am Wolchow.

Vorgeschobene Beobachter (VB)
im Wolchow-Dschungel.

Die neue Gebirgshaubitze bei der Artillerie
der 5. Gebirgsdivision an der Wolchowfront.

Abmarsch Anfang April 1942
in das Tigodamoor der Wolchowfront.

Ein Lkw ist an einem Knüppeldamm
der Wolchowfront stecken geblieben.

Heldengedenkfeier im März 1942 im Gebirgsstandort Berchtesgaden mit dem Fahnenträger Oberfeldwebel Maximilian Burghartswieser.

Kenntnis hatten. In der Zwischenzeit war auch die Hoffnung fallen gelassen worden, dass höheren Orts eine Änderung der Taktik erreicht worden sei. Dichter Nebel hatte sich mittlerweile auf die Erde gesenkt. In Verbindung mit dem Wald und einer an sich stockdunklen Nacht war es von vorneherein klar, dass besondere Anforderungen an das Orientierungsvermögen gestellt werden mussten.

Der langen intensiven Schulung des Bataillons gerade auf diesem Gebiet ist es allein zu verdanken, dass ohne eine nennenswerte Reibung die gegebenen Befehle in der angeordneten Form zur Durchführung kamen.

Am 21. August ab 01.15 Uhr strebten die Kompanien ihren Bereitstellungsräumen zu – lautlos und schemenhaft.

Mit geringer Verspätung begann das Heranschieben an den Bahndamm, außer Nacht und Nebel erschwert durch durchschnittenes, mit meterhohem Gestrüpp bedecktes Gelände. Dabei wurde die 7. Kompanie beim Herannahen an den Bahndamm für Feind gehalten und beschossen. Die Orientierung dieser Leute war also entgegen der Zusage nicht erfolgt.

Kurz nach dem ersten Antreten wurde auch der Bataillonsgefechtsstand ein Stück vorverlegt, um eine bessere Verbindung zu garantieren. Entsprechend der Zeitberechnung wurde um 03.20 Uhr wieder kurz aufgebaut, um die Meldungen der Kompanien über das Erreichen des Bahndammes entgegenzunehmen. Um 03.30 Uhr meldeten beide Kompanien das Erreichen ihrer Abschnitte – der Sturmausgangsstellung. Der Anschluss war allerdings verloren gegangen. Scharf begrenzt durch die nach Norden ziehende Straße einerseits und der Trennungslinie des Bachlaufes anderseits, war dies zunächst ohne Bedeutung, nachdem beide Kompaniechefs von dieser Tatsache Kenntnis hatten. Die nun folgende Schilderung des Kampfgeschehens kann von Seiten des Bataillons nur in großen Zügen unter Darstellung des Wesentlichsten für die Gesamtheit gegeben werden. Die Schilderung aller Episoden würde in diesem Falle weit über den möglichen Rahmen hinausgehen.

Im Einzelnen sind die Geschehnisse durch die Gefechtsberichte der Kompanien festgehalten. Dies trifft vor allen Dingen für die 7. Kompanie zu. Die Berichte der 6. und 8. Kompanie liegen zunächst wegen der Verwundung der Kompanieführer, dem Ausfall aller Offiziere und Zugführer nur im Großen vor, wurden jedoch durch die eigene Kenntnis der Vorgänge verdichtet.

Mit beginnender Dämmerung und um das befohlene Überraschungsmoment zu wahren, wurde daher um 03.30 Uhr mit Stichwort das Antreten zum eigentlichen Angriff befohlen. Die 8. Kompanie hatte den Befehl, im Verlauf des Angriffs die Lücke zu schließen. Zur selben Zeit wurde der Stellungswechsel des Bataillonstabes zu der Bahnunterführung 750 Meter südwestlich des Straßenkreuzes Iwanowskoje, zugleich die Naht der Kompanien vorderer Linie, vorgenommen. Die Bataillonsreserve, inzwischen ebenfalls im Vorziehen begriffen, war rund 200 Meter südlich davon in der Mulde, also im Rücken der angegebenen Sicherungslinie der Kampfgruppe

Schmedding, auf schwächeren Feind gestoßen, der im Feuergefecht erledigt wurde. Kurz nach dem Eintreffen am neuen Gefechtsstand lagen trotz des noch dichten Nebels die ersten Lagen der russischen Artillerie in der näheren Umgebung.

Die angetretene 7. Kompanie war zu dieser Zeit bereits – kaum hundert Meter über den Bahndamm hinaus! – auf stärksten Feindwiderstand gestoßen. Der Kampf gegen den zahlenmäßig weit überlegenen und wie rasend schießenden Gegner, der in keiner Weise niedergekämpft und mit dem Gelände vertraut, dadurch und durch den dichten Nebel alle Vorteile auf seiner Seite hatte, hatte begonnen. In zähestem Ringen wurde der Gegner Meter für Meter aus den tiefgegliederten Stellungen geworfen. Die am Schwerpunkt eingesetzte 7. Kompanie meldet um 05.15 Uhr:

Das Newaufer und damit das Angriffsziel erreicht.

Durch das persönliche Beispiel des Kompaniechefs und der Zugführer immer wieder vorgerissen, war der Russe in hervorragendem Ansturm vernichtet worden.

Unübertrefflich wie immer stürmte besonders der Zug des Ritterkreuzträgers Leutnant Burghartswieser.

Der auf kürzeste Entfernung geführte Kampf, Mann gegen Mann über steile Böschungen hinauf, durch tiefe Gräben und Stellungssysteme hat aber auch blutige Opfer gefordert. Zwei Zugführer waren dabei gefallen. Die Munition ging zur Neige.

Der Gegner hatte aber allein vor der 7. Kompanie über 250 Tote und 52 Gefangene eingebüßt.

Von größter Wichtigkeit waren die bei einem gefallenen hohen Kommissar gefundenen Pläne, besonders die des russischen Artillerieaufmarsches. Die links rückwärts gestaffelt hinter der 7. Kompanie folgende 6. Kompanie hatte mit einem Zug Anschluss an die 7. Kompanie erreicht. Er wurde durch den Chef der 7. Kompanie sofort unterstellt und im Angriffsstreifen der Kompanie als Reserve und linke Flankensicherung eingesetzt, um so die bereits spürbar werdenden Verluste auszugleichen.

Die Masse der 6. Kompanie hatte ab 04.20 Uhr Feindberührung am Tossnaufer nördlich der Bahnbrücke und stand seitdem ebenfalls in schwerem Ringen vor russischen Bunkern und zu Widerstandsnestern ausgebauten Häuserruinen, an denen die 7. Kompanie vorbeigestoßen war. Die Notwendigkeit einer Tiefenstaffelung war hierdurch bestätigt.

Zunächst leichter war der Kampf bei der rechts anschließenden 8. Kompanie. Sie erreichte schon um 04.20 Uhr mit rasch vorwärts gekommenen rechten Flügeln das Newaufer. Als die Kompanie dann unter Führung ihres Chefs zum Aufrollen der feindlichen Stellung nach Westen einschwenkt, trifft auch sie auf einen bis zum letzten kämpfenden Gegner. In erbittertem, zähem Ringen erkämpft sich die Kompanie Grabenstück um Grabenstück, Bunker um Bunker. Sehr bald fallen der Kompaniechef, Hauptmann Rosenhauer, und Oberleutnant Benzing durch schweren Kopfschuss aus, Oberleutnant Knödl führt weiter. Nach 300 Metern siegreichen Angriffs zwingt das übermächtige Abwehrfeuer die tapfere Kompanie zu Boden.

Das russische Artilleriefeuer steigerte sich immer mehr. Verbindungen zu den Kompanien sind sämtliche gestört, da der Draht an vielen Stellen vollkommen zerschossen war, die Funkstellen an diesem und den folgenden Tagen nach kürzester Zeit deckende Lagen durch die russische Artillerie erhielten, wodurch im Laufe der Zeit sämtliche Geräte zerstört und außer Gefecht gesetzt wurden. Die erste zuverlässige Meldung über die 8. Kompanie kam durch den Pak-Zugführer der 16. Kompanie/ Gebirgsjägerregiment 100. Es wurde dabei auch offenbar, dass der versprochene Anschluss entlang der Straße (Trennungslinie zu den Panzergrenadieren) von diesen nicht hergestellt worden war. Oberleutnant Pröhl als Ordonnanzoffizier überbrachte an die Einheiten der Kampfgruppe Schmedding den Befehl zum Schließen der Lücke zum rechten Nachbarn (II. Bataillon/Panzergrenadierregiment 25).

Im Einverständnis mit dem bis zum Bataillonsgefechtsstand mitgegangenen Ia (1. Generalstabsoffizier) der SS-Polizeidivision wurden sie unterstellt, da sich schon jetzt die ganze Schwere des noch zu erwartenden Kampfes abzuzeichnen begann.

Um 05.30 Uhr wurde der Chef der 9. Kompanie, Oberleutnant Zwickenpflug, mit der Führung der 8. Kompanie beauftragt, da bei der Kompanie weitere Führer ausgefallen waren. Es war vor allen Dingen der 3. Zug ohne jede Führung. Ein Halbzug der schweren MG-Kompanie wurde ihm zur weiteren Verstärkung der 8. Kompanie mitgegeben.

Neugegliedert tritt dieser Teil der Kompanie unter Oberleutnant Zwickenpflug zum Angriff an, um sich links von der Masse der 8. Kompanie einzuschieben und den Versuch zu unternehmen, die Lücke zwischen 7. und 8. Kompanie zu schließen, da es letzterer inzwischen, von Oberleutnant Knödl geführt, gelungen war, mit zwei Zügen den vorderen deutschen Graben an der Newa fest in die Hand zu bekommen. Das Angriffsziel des Bataillons war damit um 05.45 Uhr gegenüber einem zahlenmäßig weit überlegenen, in tiefen Stellungen und Bunkern verbissenen, mit ungeheurer Artillerieunterstützung, bis zum letzten Atemzug kämpfenden Gegner in erbittertem Ansturm erreicht. Das Hinauswerfen des zwischen 7. und 8. Kompanie im sogenannten Birkenwäldchen in Bunkern und Gräben stark eingebauten Gegners war lediglich eine Frage der Unterstützung durch schwere Waffen und der Reserven.

Zunächst musste die 8. Kompanie neu gegliedert werden. Eine schwere Aufgabe, zumal, wie überall so auch hier ständig die Gegenstöße des Russen abgewehrt werden mussten. Gleich den anderen Verhältnissen war auch hier die Munition sehr, sehr knapp geworden. Die Bereinigung der Lücke musste aber unter allen Umständen noch am selben Tag versucht werden, um besonders für die Nacht sicher zu sein.

Zu diesem Zweck wurde ein Vorgeschobener Beobachter – der einzige! – zur 8. Kompanie gesandt, der jedoch ohne Verbindung wieder nach rückwärts ging. Nochmals erschienen, wurde er auf Befehl seines Regiments ohne gewirkt zu haben und ohne Verständigung des Bataillons zurückgenommen. Wie in so vielen anderen Dingen trat auch hier das Schicksal einzelner, unterstellter Bataillone in Erscheinung.

Es darf bezweifelt werden, dass die ‚eigene' Artillerie ebenso gehandelt hätte! Um der 8. Kompanie überhaupt die Möglichkeit zu geben, das Birkenwäldchen zu nehmen, wurde ihr ein Zug der Infanterie der Gruppe Schmedding zugeführt.

In wechselvollen, schweren Nahkämpfen gelang es im Laufe des Tages aber nicht, wesentlich Boden zu gewinnen.

Leutnant Steinberger, der schwere MG-Zugführer, fiel an der Spitze des Angriffs.

Am Nachmittag, die meisten Leute waren verwundet und die Handgranaten ausgegangen, wurde der Versuch, noch am selben Tag die Lücke zu schließen, aufgegeben, um die Abwehrkraft nicht noch mehr zu schwächen.

Die erreichte Linie aber wurde gegen alle Gegenstöße bei stärkstem Infanterie- und Artillerie-Feuer gehalten.

Die 7. Kompanie hatte in der gleichen Erkenntnis der Lage ihrerseits ebenfalls versucht, der 8. Kompanie die Hand zu reichen – ohne Erfolg. Noch in den frühen Morgenstunden bei dichtem Nebel wurden durch den Bataillonskommandeur fünfzig Meter hinter dem Bataillonsgefechtsstand in den Gebüschen sich gedeckt benehmende Leute bemerkt und für Russen gehalten. Der Pionierzug und Teile der schweren MG-Reserve erhielten den Auftrag, das Gelände nach versprengten Russen zu durchsuchen. Beim Durchkämmen setzte aber überraschend harter Widerstand ein, der gebrochen wurde. 14 Russen wurden dabei erschossen, darunter ein Kommandeur, und 13 Gefangene eingebracht. Ein Teil, der entkommen war, wurde nach Tagen noch im Hintergelände aufgegriffen, ein anderer versuchte nach Süden, beim Truppenverbandsplatz auszubrechen und wurde dabei vom Bataillonsarzt Dr. Ledwina mit eigenen Leuten versprengt.

Besonders hatte sich der Führer des Pionierzuges, Feldwebel Bernegger, als harter Kämpfer und Draufgänger erwiesen. Eine für den Bataillonsgefechtsstand sich bedrohlich hätte auswirken könnende Lage war dadurch geklärt. In Verbindung mit dem bereits beim Vorgehen durch die Bataillonsreserve erledigten Gegner müssen Teile des Gegners, vermutlich eine schwache Kompanie unter Führung eines Kommandeurs, sich seit etwa zwei Tagen im Rücken der dort sichernden Kampfgruppe Schmedding aufgehalten haben, ohne von dieser bemerkt worden zu sein.

Der Nebel hatte sich in den späteren Vormittagsstunden verzogen, ein Tag mit Sonne und klarer Sicht war angebrochen.

War vorher schon das russische Artilleriefeuer äußerst heftig, so setzte nun stärkstes, pausenloses Feuer vor allen Dingen mit schweren und schwersten Kalibern ein. Die Verluste stiegen trotz des vorherigen Eingrabens sprunghaft. Überall trat der Russe zu Gegenstößen an und versuchte laufend mit Kanonen- und anderen Booten über die Newa zu setzen. Neben mehreren kleinen Booten wurden bei der Abwehr dieser Versuche von der 7. Kompanie drei Kanonenboote in Brand geschossen. Der Schrei nach Munition, besonders nach Handgranaten, wurde immer dringender. Der vom Bataillon aus organisierte und mit allen Mitteln betriebene Nachschub durch Mannschaften war fast hundertprozentig zum Scheitern verurteilt. Nur mit schwersten Verlusten gelang es, Munition in geringem Ausmaß nach vorne zu bringen. So waren zum Beispiel von einer Munitionsträgergruppe zur 7. Kompanie in Stärke von zehn Mann fünf gefallen und vier schwer verwundet.

Schon am ersten Tag war es klar, dass ohne die Niederkämpfung der mit ungeheurem Munitionseinsatz glänzend schießenden russischen Artillerie in kürzester Zeit das Bataillon aufgerieben sein würde. Entsprechende Meldungen an die SS-Polizeidivision hatten zur Folge, dass durch den Oberbefehlshaber über das Panzergrenadierregiment 25 der Befehl ausgegeben wurde, den Angriff zu stoppen. Das Korps hatte die vorherige Vernichtung der Feindartillerie mit allen Mitteln befohlen.

Den Angriff aufzuhalten, war zur Zeit des gegebenen Befehls, 09.00 Uhr, nicht mehr nötig. Er war bereits im Wesentlichen gelungen. Für das Halten des eroberten Geländes war aber das Niederkämpfen der russischen Artillerie nach wie vor Voraussetzung! Es gelang aber weder an diesem noch an den folgenden Tagen, der feindlichen Artillerie irgendwelchen Abbruch zu tun. Stichprobenartige Feststellungen ergaben folgendes Verhältnis:

Deutsche Artillerie: ein Schuss, russische Artillerie: achtzig bis neunzig Schuss.

Dieses auch für alte Russlandkämpfer alle Begriffe übersteigende Feuer lag nach wie vor wie eine Glocke über den Kompanien und zerrieb diese systematisch. Es lag aber auch auf dem Bataillonsgefechtsstand auf allen Anmarschwegen und forderte am Truppenverbandsplatz ebenso Opfer wie vorne. Aufgefundene Blindgänger hinter dem Bataillonsgefechtsstand ließen das Kaliber 28 Zentimeter erkennen. Überlagert wurde dieses Feuer noch durch Stalinorgeln und einer anscheinend erbeuteten deutschen ‚Brüllenden Kuh'.

Zusätzlich dieses Feuers, das sowohl vom jenseitigen Newa- als westlichen Tossnaufer bis aus Kolpino kam, wurde das Bataillon auch noch laufend an diesem und den folgenden Tagen durch jeweils zwölf bis sechzehn Bomber im Reihenwurf und Ratas mit Bordwaffen angegriffen.

Eigene Flak und Jäger standen nicht zur Verfügung.

Erst nach Tagen wurden verschiedene Male zwei deutsche Messerschmitts gesichtet und auch einmal hinter dem Bataillon ein Bomber abgeschossen. Wegen des weiten Abliegens des Regimentsgefechtsstands des Panzergrenadierregiment 25 und der mangelnden persönlichen Bekanntschaft mit den vorgesetzten Führern war die Meldetätigkeit sehr erschwert.

Ein weiterer Angriff der 8. Kompanie und der II. Abteilung/Panzergrenadierregiment 25 zur Schließung der Lücke wurde zwar vereinbart, kam jedoch aufgrund des Befehls durch den Oberbefehlshaber am 21. August nicht mehr zur Durchführung. Die 6. Kompanie hatte inzwischen auftragsgemäß das ostwärtige Tossnaufer bereinigt bis auf ein als starken Stützpunkt ausgebautes Haus an der Straßenbrücke über die Tossna. Bei dem Versuch, mit Stoßtrupp unter allen Umständen dies noch zu nehmen, fielen sämtliche Stoßtruppführer der 6. Kompanie aus. Zur Wegnahme wurden deshalb gegen Mittag Panzer angefordert, zumal sich die Einwirkung des Gegners vom westlichen Tossnaufer, da er dort nicht gebunden war, mehr und mehr bedenklich steigerte. Die Verluste auch dieser Kompanie waren schwer, Leutnant Bayer fiel durch einen Bauchschuss. Um eine Einwirkung durch die Übersetzung über die Tossna, vor allen Dingen aber über die Brücken, zu verhindern, wurde die restliche schwere MG-Gruppe hart nordwärts des Bataillonsgefechtsstands auf nahe Entfernung mit besonderem Erfolg eingesetzt. Die durch die Gruppe dem Feind zugefügten Verluste an diesem und an den folgenden Tagen waren außerordentlich schwer.

Ebenso wurde ein Teil der unterstellten Infanterie zur Sicherung an die Eisenbahnbrücke gelegt.

In Ermangelung einer genügenden Anzahl von Vorgeschobenen Beobachtern – der einzige vorhandene war bekanntlich nicht in der Lage zu schießen und wurde von seinem Regiment ohne Rücksprache mit dem Bataillon zurückgezogen – konnte an diesem Tag ein weiteres Unternehmen auf den Stützpunkt an der Straßenbrücke nicht mehr durchgeführt werden. Den letzten Versuch, den das Bataillon in dieser Richtung unternehmen konnte, war der Einsatz von Panzern, die gegen 15.00 Uhr eintrafen. Sie hatten den Auftrag, Munition den Kompanien in die vordere Linie zuzuführen. Zugleich wurden Paks angehängt, die vor allen Dingen bei der 6. Kompanie dazu dienen sollten, mit eigenen Mitteln den noch vorhandenen feindlichen Stützpunkt vor der 6. Kompanie niederzukämpfen, aber auch die russischen Kanonenboote. Das Bataillon führte Major Franz Pfeiffer mit Umsicht. Das Unternehmen scheiterte. Mit dem Erscheinen der Panzer erreichte das russische Artilleriefeuer seinen Höhepunkt. Die angehängte Pak wurde zerschlagen, die mitgeführte Munition wurde von den Panzermännern zwar irgendwohin hinausgeworfen, konnte aber infolge des Feuers von den Kompanien nicht erreicht werden. Um der dezimierten 7. Kompanie zu helfen, entschloss sich das Bataillon, zwei Gruppen des Pionierzuges – seine letzte Reserve – der 7. Kompanie zuzuführen, um das so schwer Errungene unter allen Umständen halten zu können, da besonders die 7. Kompanie pausenlos den Gegenstößen über die Newa ausgesetzt war.

Mit dem Einbrechen der Nacht ließ das Trommeln des Russen etwas nach und ging in Störungsfeuer erträglichen Ausmaßes über. Das am Morgen erreichte Angriffsziel des Bataillons war bis auf eine etwa 200 Meter breite Lücke zwischen 7. und 8. Kompanie, trotz aller wütenden Gegenstöße des Feindes, fest in eigener Hand. Die Verluste, besonders an Führern, waren äußerst schwer gewesen.

Die Kompanien, von denen jede mit etwa 180 Mann zum Angriff angetreten war, zählten am selben Abend durchschnittlich nur noch siebzig bis achtzig Mann. Viele Waffen, vor allen Dingen Maschinengewehre, waren ausgefallen. Die körperliche und seelische Anspannung war riesengroß gewesen und hielt unvermindert an. Festgekrallt in den Boden hielten die Kompanien in erbitterter Gegenwehr ohne Klage.

Folgende Erkenntnisse waren gewonnen und weitergemeldet worden: Die Niederkämpfung der russischen Artillerie, bei der es sich, wie sich später herausstellte, um etwa sechzig aufgeklärte (!) Batterien handelte, konnte zweifellos nur durch schwerste Artillerie oder Stukas außer Gefecht gesetzt werden. Der Russe hatte sich bei der Bildung der Brückenköpfe beiderseits der Tossna vorbereitet und in gewohnter Art schwer eingegraben. Die zur Verfügung stehende eigene Artillerie hatte sich als machtlos erwiesen. Vorgeschobene Beobachter, für jede Kompanie mindestens einer, mit den nötigen Nachrichtenmitteln ausgestattet, waren dringend notwendig, da nur ein Artillerievorauskommando vorhanden war, das selbst nicht beobachtet schießen konnte. Diese Forderung war schon im Laufe des Tages mehrfach erhoben worden. Das Halten der Stellung lag, neben dem Eindämmen des feindlichen Artilleriefeuers, bei ausreichender Munitionierung, da bei den nicht abreißenden Gegenstößen der Russen ein anormaler Verbrauch angefallen war. Als Hauptkampfmittel hatte sich die Eierhandgranate erwiesen. Der Nachschub von hinten war trotz der Unterstützung durch die Panzergrenadiere, spärlich, abgesehen von den Schwierigkeiten des Vorbringens.

Die Nachrichtenverbindungen waren endgültig außer Gefecht gesetzt. Die wenigen noch intakten Funkgeräte zählten nicht mehr, der letzte Draht war in opfervollem Einsatz der Nachrichtenleute verbaut und immer wieder streckenweise vernichtet worden. Es blieb nur noch die Verbindung durch Melder, die schon während des ganzen Tages die Hauptlast der Übermittlung von Befehlen getragen hatten. Es waren immer neue Männer, die dabei auftauchten, nachdem die anderen in Erfüllung ihrer Aufträge gefallen oder verwundet worden waren.

Die sehr exponierte Lage des Bataillonsgefechtsstands, bei dem es, ebenso wie bei den Kompanien, laufend Ausfälle an Toten und Verwundeten gab, konnte deswegen unter keinen Umständen aufgegeben werden, sollte nicht die ganze Führung abgesplittert und hilflos dem Geschehen gegenüberstehen. So konnte sich wenigstens der Bataillonskommandeur Major Pfeiffer durch den persönlichen Eindruck des Kampfes und, sofern die Zeit dies zuließ, durch Aufsuchen der Kompanien ein Bild der Lage verschaffen.

Neben allen diesen Dingen lastete nun eine drückende Sorge auf dem Bataillon: Seine Verwundeten! Während die 8. Kompanie immerhin noch bessere Möglichkeiten hatte, ihre Leute aus dem Feuerbereich zu schaffen, war die Lage bei der 6. und 7. Kompanie geradezu trostlos. Beide Kompanien meldeten fünfzig bis sechzig Schwerverwundete, die nicht abtransportiert werden konnten und hilflos der russischen Artillerie ausgeliefert waren.

Der Sanitätsdienst des Bataillons, hatte gleich allen anderen, hohe Opfer gebracht. In restlosem persönlichen Einsatz taten die Sanitäter das Menschenmögliche und ließen oft genug Leben und Gesundheit für ihre Kameraden. Wie schon so oft, machte sich gerade hier die Trennung vom Regiment und der Division mit seinen Sanitätseinrichtungen bemerkbar. Die für solch schwere Belastungen gedachten Sanitätskompanien der Division waren unerreichbar.

Ohne schmerzlindernde Mittel – die längst verbraucht waren – und im Trommeln der feindlichen Artillerie wuchsen die Verwundeten des Bataillons über sich hinaus. Verwundete, selbst am Ende ihrer Kraft, versuchten immer wieder, ihre noch schwerer getroffenen Kameraden zurückzuschleppen.

Auf das dringende Bitten des Bataillons stellte das Panzergrenadierregiment 25 einen Zug mit 25 Mann zur Bergung der Verwundeten – ein Tropfen auf einen heißen Stein. Sie wurden zur bedrohtesten 7. Kompanie geschickt und brachten nach langer Abwesenheit vier Verwundete zurück. Im Übrigen trugen sie ihre eigenen Toten und Verwundeten, die beim Vorgehen angefallen waren.

Von 23.00 Uhr bis 24.00 Uhr brach das Feuer der Russen erneut mit ungeheurer Wucht besonders über die Stellung der 7. Kompanie herein, wobei das Feuer der Stalinorgeln einen besonderen Platz einnahm. Genau um Mitternacht kam als Höhepunkt ein Feuerschlag mit Phosphor und Flammölgranaten, gespensterhaft anzusehen. Im Scheine der Feuerfontänen kam der Russe erneut über die Newa. Blutig zusammengeschossen, wurde auch dieser Versuch abgewehrt. Leutnant Burghartswieser hatte wiederum besonderen Anteil daran. Bei den anderen Kompanien dauerte die Gefechtstätigkeit die ganze Nacht an. Vorstöße des Gegners und beiderseitige Feuerüberfälle lösten einander ab. Beim Bataillon stand zunächst die Sorge zur Schließung der immer noch vorhandenen Lücke im Vordergrund. Zwar hatte die 8. Kompanie bis in die Nacht hinein versucht, sie aus eigener Kraft zu bereinigen; ein Erfolg war trotz heldenmütigen Kampfes weiterhin versagt geblieben.

Frühzeitig war daher bei den Panzergrenadieren die Unterstützung eines Angriffes erbeten und zugesagt worden. Die 3. und 7. Kompanie/Panzergrenadierregiment 25 waren dazu mit angesetzt.

Der Angriff begann um 03.30 Uhr, die 8. Kompanie rechts am Schwerpunkt. Die 7. Kompanie, die in den Angriff aus Schonungsgründen bewusst nicht eingegliedert war, griff infolge eines Entschlusses des Kompaniechefs von Westen her ebenfalls an. Während die Kompanien der Panzergrenadiere ohne Feindwiderstand vorkamen – die 3. Kompanie/Panzergrenadierregiment 25 sogar bis zu Tossna – nahmen die 7. und 8. Kompanie den Russen nun in die Zange. In die Enge getrieben, wurde der Russe vollkommen zerschlagen und hinter dem flüchtenden Gegner her im Nachstoß wurde auch hier die Newa erreicht. 83 Gefangene wurden durch ein Kommando des Panzerzuges nach rückwärts geführt. Viele versuchten, unterwegs zu flüchten. Um 04.30 Uhr war auch hier das Einrichten in die Stellung beendet.

Wie stark der Gegner hier noch gewesen war, zeigt schon die Anzahl der Gefangenen des sich erbittert bis zum Letzten wehrenden Gegners. Gerade dieser Angriff war ein glänzendes Beispiel von Angriffs- und Siegeswillen dieser bereits der meisten Führer beraubten und über die Hälfte dezimierten Kompanien, die ohne die

Unterstützung schwerer Waffen diese Tat vollbrachten. Nach rund 24 Stunden war der Sieg vollständig. Das Bataillon hatte an allen Punkten sein Angriffsziel erreicht!

Nicht lange jedoch sollte die Freude an diesem Erfolg andauern. Am anderen Tossnaufer, immer noch ungehindert, hatte der Russe erneut starke Kräfte zum Angriff bereitgestellt. Die letzten an der Tossnabrücke liegenden Männer der 6. Kompanie waren gefallen. Über die Toten stieß er mit Hurra-Gebrüll der 7. Kompanie in Flanke und Rücken. Zum selben Zeitpunkt ackerte die feindliche Artillerie von Neuem die Stellung um.

Mit Teilen der 8. Kompanie gelang es in schwerstem Ringen, gegen 06.00 Uhr diesen Versuch restlos zu zerschlagen und den Feind mit größten Verlusten auf die Tossna zurückzuwerfen. Wieder einmal war die Gefahr gebannt.

Der Schwerpunkt des Gegners hatte sich zweifelsohne an die Tossna verlagert. Die Straßenbrücke war zu Beginn der Kämpfe nicht gesprengt worden. Von der schweren MG-Gruppe in Gegend Bataillonsgefechtsstand dauernd unter Feuer gehalten, gelang es dem Feind trotzdem, unter rücksichtsloser Aufopferung seiner Leute, immer wieder, kampfkräftige Teile herüberzuschieben. Die wesentlich schmälere Tossna begünstigte zudem auch das Übersetzen über das Wasser. Der Feind konnte besonders in der Nacht nicht entscheidend daran gehindert werden. Eine weitere Gefahr bestand neben der immer äußerst schwierigen Munitionslage darin, dass die nur noch wenigen vorhandenen Waffen, besonders die Maschinengewehre, vollkommen verdreckt versagten. Von den Fontänen der Granateinschläge ständig zugedeckt und bei der Abwehr der schier pausenlosen russischen Angriffe nicht gereinigt, versagten sie in dieser Krisenzeit.

Bereits eine halbe Stunde später stürmte der Russe wieder in dichten Massen heran. Von der anderen Tossna-Seite hatte er vorher mit 7,62-cm-Geschützen auf kürzeste Entfernung die Flankendeckung der 7. Kompanie Mann für Mann abgeschossen.

Die Gefahr der Umzingelung war diesmal besonders groß und die Kompanie schon auf etwa fünfzig Mann zusammengeschmolzen. Handgranaten waren auch nicht mehr vorhanden. Geschlossen, unter der Führung des Kompaniechefs, ging die Kompanie auf die Stellung der 8. Kompanie zurück, um sich dort zum Gegenstoß neu zu gliedern. Der Stoß traf den Feind völlig überraschend. Nach anfänglichen unzusammenhängenden Widerstandsversuchen flutete er völlig aufgelöst und ungeordnet in seine Ausgangsstellung zurück.

Der Führer der 8. Kompanie hatte in der Zwischenzeit bei einem mit dem Chef der 7. Kompanie durchgeführten Meinungsaustausch diesen falsch verstanden und in irrtümlicher Auffassung die Kompanie nach rückwärts zur Säuberung des Geländes bis zurück zum Bahndamm angesetzt. Nach Kenntnis dieser Maßnahme befahl das Bataillon das sofortige Vorgehen der 8. Kompanie. Sie hatte gegen Mittag ihre alte Stellung wieder eingenommen. Gegen 07.00 Uhr war auch ein russischer Panzer über die Tossnabrücke vorgebrochen und auf der großen Straße bis zur rechten Grenze

Schwere Maschinengewehrstellung der Deutschen Wehrmacht vor Leningrad.

des Bataillons gefahren. Inzwischen erschienene eigene Panzer, die zur Unterstützung angefordert worden waren und schossen ihn ab.

Langsam lichtete sich der seit der Nacht über dem Gelände gelegene Nebel. Abgesprengte Teile des russischen Angriffs entlang der großen Straße lagen nördlich des Bataillonsgefechtsstands und wurden von dort mit Gewehren erledigt. Die ebenfalls zusammengeschmolzene 6. Kompanie war während dieser Kämpfe nicht untätig gewesen. Was nicht bei der Abwehr an der Tossnabrücke vor dem Feind geblieben war, hatte sich hufeisenartig etwa hundert bis hundertfünfzig Meter südostwärts auf einem Hügel festgesetzt und fügte von dort aus dem Russen durch Feuer laufend blutige Verluste zu. Alle Versuche, von dort aus sich wieder der Brücke zu nähern, wurden durch die punktschießende russische Artillerie, vor allem durch 7,62-cm-Kanonen, blutig zunichte gemacht. Der Russe hatte im Schutz seiner pausenlos hämmernden Artillerie einen in der Tiefe zwar nur wenige Meter betragenden Brückenkopf gebildet. Zur selben Zeit stand die 7. Kompanie mit knappen fünfzig Mann auf einer Breite von neunhundert Metern halbkreisförmig am Newa-Tossna-Ufer in unentwegtem Kampf, schoss ein mit einem Panzer beladenes Motorboot in Brand, das einen Übersetzversuch wagte, und bekämpfte bei sich lichtendem Nebel, massierte Bereitstellungen am anderen Tossnaufer. Die Munition dazu grub sie sich aus Gräben und Erdlöchern. Das Bataillon machte fieberhafte Anstrengungen von überallher Munition, besonders Handgranaten, heranzuschaffen. Aber wer sollte sie nach vorne bringen? Jeder Melder, jeder noch vorhandenen Krankenträger, Leute des Stabes – kurzum alles was gehen und tragen konnte – wurde dazu herangezogen. Das Wenigste kam an.

Kaum war dieser letzte Angriff abgeflaut, kam der Feind mit neuen Kräften. Kompaniechef und der Rest seiner Zugführer voraus, stürmte die 7. Kompanie ihm entgegen. Stehend freihändig schießend, werfend, fiel auch dieser zahlenmäßig überlegene Feind der Wut der Kompanie zum Opfer. Aber auch für die Kompanie, war es ein Opfergang!

Leutnant Burghartswieser, der Ritterkreuzträger von Kreta und der Träger einer ruhmreichen Tradition, der ragende Turm in jeder Schlacht, war gefallen, mit ihm Leutnant Stimmer. Oberleutnant Jühling, während des Kampfes seiner alten Kompanie wieder zurückgegeben, starb beim Transport aufgrund seiner schweren Verwundung. Oberfeldwebel Schrepf, der stets tapfere und unentwegte MG-Zugführer schied verwundet aus. Mitgekämpft und gestürmt hatte auch Assistenzarzt Dr. Haug mit eigenen Leuten der 8. Kompanie – Arzt und Kämpfer zugleich. Inzwischen hatte das Bataillon längst die Lage gemeldet und um Verstärkung, besonders aber auch um den Einsatz von Panzern gebeten. Wiederum waren russische Panzer durch Infanterie begleitet über die Brücke gestoßen. Sie kamen nicht weit. Auf der Brücke, von hergekommenen eigenen Panzern zusammengeschossen, blieben sie liegen. Die erhoffte Entlastung aber durch das Erscheinen der eigenen Panzer blieb aus und verkehrte sich ins Gegenteil. Mit ihrem Herankommen hatte der Russe seine gesamte Artillerie zusammengefasst und überschüttete die Panzer und die Stellungen ununterbrochen mit schweren und schwersten Kalibern."

Der Soldatentod des Ritterkreuzträgers Burghartswieser

Wir haben es mit Bestürzung vernommen. Bei den schweren und verlustreichen Kampfeinsätzen um Leningrad fiel auch der Oberfeldwebel Maximilian Burghartswieser als Zugführer in der 7. Kompanie des Gebirgsjägerregiments 100. Über die letzten beiden Kampftage des am 22. August 1942 gefallenen Ritterkreuzträgers verfasste der ehemalige Chef der 7. Kompanie des Gebirgsjägerregiments 100 Fritz Leikam einen ausführlichen Bericht, den der zweite Bürgermeister von Traunstein, Max Burghartswieser Junior, dem Autor dieser zeitgeschichtlichen Biografie dankenswerter Weise neben einigen anderen Daten und Dokumenten seines Vaters bereits im Jahre 1988 zur Verfügung stellte: [56]

„Es war noch stockdunkle Nacht und bleischwerer Nebel lag undurchsichtig über dem Boden, als sich die Kompanie durch meterhohes Gras und Gebüsch an den Bahndamm, der die Sturmausgangsstellung sein sollte, heranschob. Nur die ständig spielende Kompassnadel gab die Richtung an, sonst war nichts zu sehen in dem milchigen Grauschwarz der Nebelnacht. Da taucht wenige Meter vor uns ein Querstrich auf. Es war der Bahndamm. Und nun gliedern sich die Züge zum Sturm. Mit der linken Schulter dem Ostufer der Tossna folgend, soll die Kompanie zur Newa vorbrechen und den Russen den Brückenkopf wieder entreißen, den sie in den Tagen zuvor unter Einsatz weitüberlegener Kräfte erzwungen hatten.

Es ist 03.30 Uhr, als die Züge die Bereitstellung melden. ‚03.40 Uhr antreten', kommt der Befehl. Wieder spielen die Kompassnadeln in die Angriffsrichtung, denn noch vermag kein Auge den Nebel zu durchsehen. Höchste Spannung liegt über allen. Dann ist es soweit. Links stürmt der 1. Zug, geführt von dem Ritterkreuzträger Oberfeldwebel Max Burghartswieser, rechts an ihn angelehnt der 2. Zug. Sofort hat der Nebel die Züge verschluckt. Da peitschen auch schon die Maschinengewehre los, und in ihr Knattern mischten sich die Detonationen der Handgranaten. Nach hundert Meter Sturmlauf ist der Zug Burghartswieser schon auf die ersten Russenbunker und Feldstellungen gestoßen, die geschickt angelegt und vorzüglich getarnt am Hinterhang einer Kuppe liegen. Einen Augenblick stockt der Zug. Da reißt ihn der Befehl des Zugführers hoch: ‚1. Zug auf marsch, marsch.' Seinem Zug voraus stürmt Burghartswieser vor. Kurz, aber hart ist der Kampf, denn der Russe wehrt sich verzweifelt und ergibt sich nicht. Jeden einzelnen muss man buchstäblich erschlagen, sonst legt er die Waffe nicht aus der Hand.

Schnell gliedert und ordnet sich der Zug wieder, ein vorzüglich eingespieltes Instrument in der Hand des Zugführers. Burghartswieser weist gleich das nächste

Ziel. Und wieder stürmt er seinen Männern voraus, in der Rechten seine Maschinenpistole, in der Linken die wurfbereite Handgranate. So frisst sich der Zug durch das russische Stellungsfeld hindurch. Manch einer schreit auf und stürzt zu Boden, manch einer sackt still um. Aber nichts kann den Zug hindern, vorwärtszustürmen. Unser ‚Max' ist ganz groß in Fahrt, ruhig, überlegen, mitreißend wie immer.

Die große querziehende Betonstraße wird erreicht, erbitterter Widerstand dort gebrochen. Nun liegt die Hälfte des Angriffs hinter uns, weiter, weiter! Immer wieder gellt die befehlende Stimme des Ritterkreuzträgers über seine Männer. Mehr und mehr versteift sich der feindliche Widerstand. Aber alles Festkrallen in dem lehmigen Sandboden nützt dem Russen nichts mehr. Er wird einfach überrannt. Im Laufen schießen die Maschinenpistolen- und Maschinengewehrschützen und bahnen mit ihren Garben den Weg. Handgranaten vollenden das Werk.

Jetzt ist die Uferstraße erreicht. Siebzig Meter sind es noch bis zum Steilufer der Newa. Aber noch sitzen weit über hundert Russen in den alten deutschen Kampfgräben, gut gedeckt, und schicken uns einen Hagel von Kugeln entgegen. Ein erbittertes Ringen geht los. Neben Burghartswieser hat sich der 3. Zug geschoben. Der Feldwebel, der ihn führt, war in Frankreich, Griechenland und auf Kreta der Zugtruppführer, die rechte Hand des Ritterkreuzträgers, gleichen Geistes und voll gleichem Schwung. Dem Ansturm dieser Züge ist der Russe nicht mehr gewachsen, trotz seiner zahlenmäßigen Überlegenheit. Reihenweise wird er niedergemacht. Die Gräben füllen sich mit toten Russen. Über sie hinweg brandet der Angriff zu den letzten Bunkern an der Newa vor, wo sich noch einzelne verbittert kämpfende Russen halten. Mit Handgranaten werden die Bunker gesprengt. Langsam ebbt das Feuer ab.

Das Angriffsziel ist erreicht. Eineinhalb Stunden nach Angriffsbeginn steht Burghartswieser mit seinen Männern an der Newa.

Jetzt aber beginnt der Nebel zu steigen. Es wird nicht mehr lange dauern, dann wird der Russe am jenseitigen Tossna-Newa-Ufer sehen, dass nicht mehr er, sondern die Gebirgsjäger hier die Wache halten. Schnell wird die Verteidigung organisiert und Eingraben befohlen. Keinen Augenblick zu früh, denn schon reißt der Nebel auf. Jetzt muss der Russe erkannt haben, was hier gespielt worden ist. Ein Feuerorkan braust auf unsere Stellungen los und reißt nicht mehr ab. Ein infernalisches Krachen erfüllt die Luft und lässt den Boden erbeben. Hunderte von Geschützen speien ihre tödlichen Geschosse auf dieses kleine Fleckchen und die darin eingewühlten Gebirgsjäger aus. Über eine Stunde ging es schon so. Da, drüben am anderen Newaufer legten Boote ab. Sie nehmen Kurs auf uns. Drei große, der Form nach wie deutsche Schnellboote, fuhren voraus. Auf ihren Decks blitzte es feurig auf. Kanonen! Eine Menge kleinerer Kähne und Boote folgte ihnen. Jetzt sind sie in der Mitte des Stroms, der hier tausend Meter breit ist. ‚Visier 500, Leuchtspurmunition, auf die großen Boote Feuer frei!' Klar und ruhig befiehlt es Burghartswieser. Da gibt es kein Zögern. Trotz des höllischen Granathagels kommen sie heraus aus ihren Löchern, die Jäger, und feuern, was Maschinengewehre und Karabiner nur hergeben. Burghartswieser, selbst am Maschinengewehr, jagt seine Garben zielsicher in den Rumpf des vordersten Bootes. Vergeblich versuchen die Boote sich einzunebeln. Feurige Lohe schlägt aus dem Nebel nach oben und verrät immer wieder den Platz der Boote. Fackeln gleich, völlig bewegungslos, treiben die K-Boote Newa abwärts Leningrad zu. Viele der kleinen Boote sinken durchbohrt von unseren Kugeln, der Rest wendet zur Flucht.

Als hätte der Russe seine Wut über diesen missglückten Landeversuch an seinen Kanonen ausgelassen, so schwillt der Feuerorkan an. Kein Wort ist in dem ständigen Krachen und Bersten der Granaten zu verstehen. Die Luft ist mit Staub und Sand erfüllt. Langsam wurde es Mittag, Nachmittag, Abend, unvermindert dauert das Feuer an. Es ist wie ein Wunder, dass es in dieser Stellung noch ein Leben gibt. Erst mit Einbruch der Dunkelheit ebbt das Feuer langsam ab. Ein Hauch von Ruhe senkt über das zerschossene und zerrissene Land und über uns. Aber nicht lange ist es still. Von 23.00 Uhr ab bis Mitternacht hämmern pausen- und lückenlos Stalinorgeln auf uns hernieder. Ein rollendes Dröhnen und Schüttern erfüllt die Nacht, dann plötzlich wird es taghell. Brand- und Leuchtgeschosse bilden den Abschluss dieser Kanonade. Doch die Phosphorgranaten erfüllen ihren Zweck nicht. In diesem Sandboden findet das Feuer keine Nahrung. Eine Lage dieser Brandgeschosse ging zu kurz. Sie klatscht fünfzig Meter vor dem Ufer in die Newa und wirft ihr silbernes Licht über das Wasser. In ihrem Schein sehen die Posten Schatten ans Ufer herangleiten. ‚Alarm', gellt es durch die Gräben und schon peitschten Maschinengewehre und Gewehre hinab zum Ufer, detonieren Handgranaten auf den Landeplätzen der russischen Boote und zerschlagen den zweiten Landeversuch der Russen, blutig und unter schweren Verlusten für den Feind.

Wieder ordnet Burghartswieser seinen Zug. Viele, viele fehlen schon. Aber der Zugführer strahlt eine so überlegene Ruhe aus, dass nirgends Zweifel an der eigenen Kraft auftauchen. Lachend und aufmunternd geht er durch den Kampfgraben, teilt seine Posten ein, gibt hier einen Befehl und dort eine Anweisung. Und alle seine Männer fühlen es: ‚Wenn Du da bist, dann kann kommen, wer will, bei uns holt er sich blutige Köpfe'.

Langsam steigt der Morgen herauf: Kaum ist der Nebel weg, fängt der Russe schon wieder zu trommeln an. Um 05.00 Uhr greift er in Bataillonsstärke über die nicht gesprengte Tossnabrücke an. In hartem Kampf gelingt es, seinen Einbruch zunächst abzuschirmen und dann auf das Tossnaufer zurückzuwerfen und so die Gefahr der Abschnürung für die Kompanie zu bannen. Zwei Stunden lang tobt dieser Kampf. Aber es gelingt nicht, den Russen über die Tossnabrücke zu werfen. Zu schwach sind für einen solchen Angriff die Züge.

Immer heftiger und massiver wird das russische Artilleriefeuer. Plötzlich springt es zurück. Da tauchten auch schon aus dem Steilhang, der zur Tossna hinabführt, erdbraune Gestalten auf. Fünfzig – siebzig – achtzig, immer mehr werden es. Mit tierischem Gebrüll stürzen sie auf die Stellung des 1. Zuges zu, eine Unzahl Handgranaten vor sich herwerfend. Blitzschnell übersieht Burghartswieser die Lage: Liegenbleiben hat keinen Sinn, da erdrücken sie uns einfach. ‚1. Zug zurück', gellt sein Befehl. Knappe zwanzig Mann sind es, die seinen Befehl noch hören. Aber sie springen zurück und sammeln bei ihm. Keine Minute dauert das. Dann stürzt der Zug wieder vor. Burghartswieser an der Spitze. Aus zwanzig Kehlen braust ein ‚Hurrah' auf. Spaten und Steine fliegen dem Russen an den Kopf – die letzte Handgranate war schon längst verworfen. Stehend freihändig schießen die Jäger, andere gehen mit dem Seitengewehr auf den Feind los. Diesen Angriff hat der Russe nicht mehr erwartet. Schon wenden die Vordersten zur Flucht. Weit vorne läuft Burghartswieser. Plötzlich fällt er. Ist er gestürzt? Ist er getroffen? An ihm vorbei rasen seine Männer dem Feind nach. Da fängt der Russe das Laufen an. Viele trifft noch im Uferhang die deutsche Kugel. Kein Viertel ist es, das lebend und unverletzt den rettenden Brückenkopf erreicht.

Wieder war eine riesengroße Gefahr gebannt. Wieder ist es Burghartswieser gewesen, der in eiskalter Ruhe und Überlegenheit das Blatt im letzten Augenblick gewendet hat. Wo aber bleibt er selbst? Da liegt er, mit ganz ruhigem Gesicht, fast ein feines Lächeln um den Mund. Er gibt keine Antwort mehr. Ein Herzschuss hat seinem tapferen, immer bereiten Leben ein Ende gemacht. Keiner kann es glauben, dass dieses Herz nicht mehr schlagen sollte. Unverwundbar war er uns erschienen, er, der wie ein Turm in den Schlachten in Polen, in Frankreich an der Metaxaslinie und auf Kreta gestanden und schwerste Krisen durch den vollen Einsatz seiner Person stets gemeistert hatte.

Aber kein lähmendes Entsetzen oder tiefe Mutlosigkeit überfiel seine Leute. Fester packten die zerschundenen Jägerfäuste den Karabinerschaft und die MG-Kolben. Burghartswiesers ganzes Leben war ‚Pflicht tun'. So hat er Jahr und Tag seine Männer erzogen. Nun taten sie ihre Pflicht, auch ohne dass sein Auge über sie wachte. Denn große Soldaten wie er sind nie tot, im Herzen ihrer Männer leben sie als Vorbild und Ansporn, noch im Tod Kraft, Glaube und Treue spendend.

Als die Kompanie später aus der Stellung zog, da trug sie als heiligstes Erbe der Vergangenheit und als verpflichtendes Vermächtnis für die Zukunft ihren gefallenen Ritterkreuzträger, Oberfeldwebel Max Burghartswieser, mit sich."

Er wurde noch am 31. August 1942 zum Leutnant und ein Jahr später mit Wirkung zum 31. August 1942, wegen wiederholter Tapferkeit vor dem Feind, zum Oberleutnant befördert.

Fernschreibvermittlung:

Fernschreibstelle:

Angenommen:
Datum:
Uhrzeit:
Aufgenommen:
Datum: 23.8.
Uhrzeit: 1300
von: HDVF
durch:

Verzögerungsvermerke:

weiter an	Datum	Uhrzeit	N.-Nr.	durch	Tl.-Zahl

Heeres-Pers.-Amt
24. AUG. 1942
P3 3396/42

Fernschreiben HBZ No 729336

Telegramm

Dringlichkeitsvermerke:

Fernspr.-Nr. des Auflieferers:

++++ HBEXC/ FU 21 23.8.42 1130===

AN OBERKOMMANDO DES HEERES/ PA BERLIN===

5. GEB. DIV. MELDET:.- F

RITTERKREUZTRAEGER OBERFELDWEBEL MAX

BURGHARTSWIESER ZUGFUEHRER 7. GEB. JG. RGT.

100, AM 22.8.1942 GEFALLEN. (ANGRIFF

GEGEN DIE NEWA)====

USCHR. 5. GEB. DIV. ROEM ZWEI A+++

Vermerke der Fernschreibstelle.

Gebr. Belassen, Berlin C 2, Burgstraße 17

Fernschreiben an das Oberkommando des Heeres mit der Nachricht vom Tod des Ritterkreuzträgers Burghartswieser am 22. August 1942.

Oberleutnant Maximilian Burghartswieser

Geboren am 10. Juni 1914 in Wiesen, Gemeinde Ruhpolding.
Gefallen am 22. August 1942 im Nordabschnitt der Ostfront.

Letzte Dienststellung:
Zugführer in der 7. Kompanie des Gebirgsjägerregiments 100 der 5. Gebirgsdivision.

Beförderungen:
Oberjäger im Oktober 1936
Feldwebel am 1. Oktober 1939
Oberfeldwebel am 1. Juli 1940
Leutnant am 31. August 1942
Oberleutnant 1943 mit Wirkung vom 31. August 1942

Orden und Ehrenzeichen:
Eisernes Kreuz II. Klasse am 25. Oktober 1939
Eisernes Kreuz I. Klasse am 19. Juni 1940
Ritterkreuz des Eisernen Kreuzes am 9. Juli 1941
Infanteriesturmabzeichen
Verwundetenabzeichen

Teilnahme an Feldzügen:
Polenfeldzug 1939
Frankreichfeldzug 1940
Balkanfeldzug 1941
Russlandfeldzug 1941 bis 1942

Nachwort

Der Zeitungsverleger Leo Wiedemann förderte nicht nur mein redaktionelles Volontariat beim „Reichenhaller Tagblatt", sondern er unterstützte auch noch viele Jahre später ebenso meine militärhistorischen Forschungsarbeiten über die deutsche Gebirgstruppe und ihre herausragenden Persönlichkeiten mit dem gleichen Wohlwollen und Interesse, sodass er die eine oder andere Kontaktaufnahme im Berchtesgadener Land und den angrenzenden Regionen herstellte; wie zum Beispiel zum Sohn des gefallenen Ritterkreuzträgers Maximilian Burghartswieser. Als 2. Bürgermeister von Traunstein stellte Max Burghartswieser dem Autor dieser Zeitgeschichtlichen Biografie die erbetenen Daten und Dokumente in Wort und Bild bereitwillig zur Verfügung.

Der Einladung zur Gründungsversammlung der Truppenkameradschaft des Gebirgsartilleriebataillons 235 am 7. Mai 1985 folgten 71 aktive und ehemalige Gebirgsartilleristen in das Unteroffizierheim der Artilleriekaserne in Bad Reichenhall. In seiner Begrüßung erläuterte Oberstleutnant Georg als Kommandeur des Gebirgsartilleriebataillons 235 den Sinn und Zweck der Truppenkameradschaft, bevor in offener Abstimmung der Vorstand gewählt wurde – und zwar:[57]

- Vorsitzender Hauptmann a. D. Köster
- Stellvertretender Vorsitzender Hauptfeldwebel Burghartswieser
- Schriftführer Oberleutnant Wagensonner
- Kassierer Regierungsoberinspektor Hopperdietzel

Roland Kaltenegger
Kufstein/Tirol
im Frühjahr 2020

Abzeichen des Gebirgsartilleriebataillons 235 der Bundeswehr.

Max Burghartswieser

Traunstein 13.3.1988

Sehr geehrter Herr Kaltenegger,

gerne komme ich Ihrem Wunsche nach und übersende hiermit Bild und einige Daten meines Vaters.

Für Ihre weitere Arbeit viel Erfolg!

Mit freundlichem Gruß

Max Burghartswieser

Brief von Max Burghartswieser an den Autor Roland Kaltenegger vom 13.03.1988 – Seite 1.

Burghartswieser Max
geb. 10.06.1914 in Ruhpolding

Beruf: Maurer in Traunstein

Gefreiter 1935, Unteroffizier 1936
Feldwebel 1939, Oberfeldw. 1940
Leutnant 1942

Reichswehr ab 1.11.1934
10./Geb. Jäg. Rgt. 100
7./ " " " 100

Auszeichnungen: EK I / EK II / Inf. Sturmabzeichen
Verw. Abzeichen
Ritterkreuz 9.7.1941 für Einsatz in Kreta
vor Chania am 25.5.1941

gefallen am 22.8.1942 im Newa-Bogen, Rußland

Übrigens: Ich bin geboren am 22.10.1942, habe also
meinen Vater nicht mehr erleben können.

Brief von Max Burghartswieser an den Autor Roland Kaltenegger vom 13.03.1988 – Seite 2.

Anmerkungen

1 Bad Reichenhaller Kulturprospekte. Hrsg. vom Kur- und Verkehrsverein e. V. Bad Reichenhall. München 1969. S. 1.
2 Ebenda, S. 1.
3 Kaltenegger, Roland: General der Gebirgstruppe Ludwig Kübler. Der Bauherr der deutschen Gebirgstruppe und seine Zeit. Würzburg 2011.
4 Alpenvereinsjahrbuch 2003. S. 48.
5 Kaltenegger, Roland: General der Gebirgstruppe Rudolf Konrad. Vom Kommandierenden General der Kaukasusfront zum Namenspatron der Bundeswehr. Würzburg 2012.
6 Wehrausbildung in Wort und Bild. 1969, H. 7, S. 299.
7 Kaltenegger, Roland: Spezialverbände der Gebirgstruppe. 1939–1945. Stuttgart 2004. S. 39 ff.
8 Internationales Militaria-Magazin. Das aktuelle Magazin für Orden, Militaria und Militärgeschichte. 2014, Nr. 168.
9 Seidel, Max: Wir tragen stolz das Edelweiß. Stuttgart 1941. S. 5.
10 Kaltenegger, Roland: Generalleutnant Willibald Utz. Vom Kommandeur der Reichenhaller Gebirgsjäger zum Kommandeur der 100. Jägerdivision. Würzburg 2017. S. 43 ff.
11 Liddell Hart, Basil Henry: Geschichte des Zweiten Weltkrieges. Wiesbaden 1970. S. 46.
12 Foertsch, Hermann: Schuld und Verhängnis. Stuttgart 1951. S. 178.
13 Wir zogen gegen Polen. Kriegserinnerungswerk des VII. Armeekorps. Hrsg. vom Generalkommando VII. Armeekorps. 2. Aufl. München 1940. S. 99.
14 Lanz, Hubert: Gebirgsjäger. Die 1. Gebirgsdivision 1935–1945. Bad Nauheim 1954. S. 52.
15 Unsere bayerische Gebirgsdivision in Polen. München o.J. S. 6.
16 Kaltenegger, Roland: Die deutsche Gebirgstruppe. 1935–1945. München 1989. S. 122 f. (Lizenzausgabe 1999).
17 Der Stoß in Frankreichs Herz. Der Feldzug einer Gebirgsdivision in Frankreich. Hrsg. im Auftrag des Generalkommandos VII. Armeekorps. München 1941. S. 35.
18 Kaltenegger: Die deutsche Gebirgstruppe. 1935–1945. S. 67 ff.
19 Kaltenegger, Roland: Generalleutnant August Wittmann. Vom Gebirgsartilleristen zum Kommandeur der 1. Volksgebirgsdivision. Würzburg 2015.
20 Kaltenegger, Roland: Oberst Heribert Raithel. Vom jüngsten Artillerieoberst der Wehrmacht zum Führer der „Kampfgruppe Semmering". Würzburg 2012.
21 Ernst, Richard: Meine Kriegstagebücher. VIII. Buch. Kommandeur Gebirgsjägerregiment 100 in Italien. S. 17 f.

[22] Kaltenegger, Roland: Hakenkreuz über Griechenland. Der deutsche Balkanfeldzug 1941 in Dokumenten und Zeitzeugenberichten. Würzburg 2016. (2. Aufl. 2018).
[23] Schall-Riaucour, Heidemarie: Aufstand und Gehorsam. Offizierstum und Generalstab im Umbruch. Leben und Wirken von Generaloberst Franz Halder. Generalstabschef 1938–1942. Wiesbaden 1972. S. 160.
[24] Ringel, Julius: Hurra, die Gams! Ein Gedenkbuch für die Soldaten der 5. Gebirgsdivision. Bearbeitet von Fritz Weber. 8. Aufl. Graz, Stuttgart o.J., a.a.O.
[25] Kameraden unterm Edelweiß. Kriegsgeschichte der 2. Kompanie Gebirgsjägerregiment 100 von 1939–1945. Erlebnisbericht von Angehörigen der Kompanie [...] Nürnberg 1998. S. 78 f.
[26] Kaltenegger: Hakenkreuz über Griechenland. S. 199 ff.
[27] Kaltenegger, Roland: Oberst Franz Pfeiffer. Vom Kommandoführer der „Brandenburger" zum Geheimnisträger des Reichsbankschatzes. Würzburg 2014.
Kaltenegger, Roland: Leutnant Johann Sandner. Vom jüngsten Ritterkreuzträger der Wehrmacht zum Stadtrat von Bad Reichenhall. Würzburg 2018.
[28] Ruef, Karl: Gebirgsjäger zwischen Kreta und Murmansk. Die Schicksale der 6. Gebirgsdivision. 3. Aufl. Graz, Stuttgart o.J., S. 175.
[29] Innsbrucker Nachrichten. Nr. 81 vom 25. April 1941.
[30] Kriegstagebuch des XXXXIX. Gebirgsarmeekorps aus dem Russlandfeldzug 1941. I. T., S. 3. [Militär- und Gebirgstruppenarchiv Kaltenegger].
[31] Die Berichte des Oberkommandos der Wehrmacht. 1939–1945. München, Köln 2004. Bd. 2, S. 108.
[32] Kaltenegger, Roland: Generalfeldmarschall Ferdinand Schörner T. 1. Würzburg 2014.
[33] Von Serbien bis Kreta. Erinnerungen vom Feldzug einer Armee im großen deutschen Freiheitskampf. Hrsg. von einer Propagandakompanie. Athen 1941. S. 147.
[34] Weishäupl-Brief vom 13. August 1987 an den Verfasser.
[35] Kaltenegger, Roland: Deutsche Gebirgsjäger im Zweiten Weltkrieg. Würzburg 2011. S. 145. (2. Aufl. 2014).
[36] Ringel: Hurra, die Gams! S. 129 ff.
[37] Kameraden unterm Edelweiß. S. 163.
[38] Ringel: Hurra, die Gams! S. 155 ff.
[39] Die Berichte des Oberkommandos der Wehrmacht. Bd. 2, S. 132.
[40] Hitlers Weisungen für die Kriegsführung 1939–1945. Dokumente des Oberkommandos der Wehrmacht. Hrsg. von Walther Hubatsch. Frankfurt a. M. 1962. S. 84 ff.
[41] Lanz, Hubert: Wie es zum Russlandfeldzug kam – und warum wir ihn verloren haben. München 1971. S. 57.
[42] Kaltenegger, Roland: Schicksalsweg und Kampf der „Bergschuh"-Division. Graz, Stuttgart 1985. S. 122 ff.

[43] Kriegstagebuch des Oberkommandos der Wehrmacht. (Wehrmachtführungsstab) 1940–1945. Geführt von Helmuth Greiner und Percy Ernst Schramm. Im Auftrag des Arbeitskreises für Wehrforschung hrsg. von Percy Ernst Schramm. Bd. 1–4. Frankfurt a. M. 1963–1969. Bd. II/l, S. 298.

[44] Ringel: Hurra, die Gams! S. 215.

[45] Ruef, Karl: Odyssee einer Gebirgsdivision. Die 3. Gebirgsdivision im Einsatz. Graz, Stuttgart 1976. S. 229.

[46] Kameraden vom Edelweiß. S. 199.

[47] Kriegstagebuch des Oberkommandos der Wehrmacht. (Wehrmachtführungsstab) 1940–1945. Bd. II/l, S. 307.

[48] Ebenda, S. 307.

[49] Ebenda, S. 307 f.

[50] Ebenda. S. 311.

[51] Ebenda, S. 311.

[52] Klatt, Paul: Die 3. Gebirgsdivision. 1939–1945. Bad Nauheim 1958. S. 102.

[53] Carell, Paul: Unternehmen Barbarossa. Der Marsch nach Russland. Frankfurt a. M., Berlin 1963. S. 363.

[54] Kaltenegger, Roland: Die „Alpenfestung". Der Endkampf um das letzte Bollwerk des Zweiten Weltkrieges. Würzburg 2015. (2. Aufl. 2018). S. 298 ff.

[55] Gefechtsbericht des II./Gebirgsjägerregiment 100 über die Kämpfe an der Newa-Tossna-Mündung vom 21. – 27.08.1942. [Militär- und Gebirgstruppenarchiv Kaltenegger].

[56] Bericht über die letzten zwei Kampftage des am 22.08.1942 gefallenen Ritterkreuzträgers Oberfeldwebel Maximilian Burghartswieser. [Militär- und Gebirgstruppenarchiv Kaltenegger].

[57] Die Gebirgstruppe. 1985, H. 4, S. 92.